Sprachreiseführer Isländisch

Astrid van Nahl
Jan Alexander van Nahl

Sprachreiseführer Isländisch

BUSKE

Astrid van Nahl, promovierte Skandinavistin mit Schwerpunkt der alt- und neuisländischen Sprache und Literatur an der Rheinischen Friedrich-Wilhelms-Universität Bonn. Von 1980–1996 leitende Mitarbeit an mehreren DFG-Forschungsprojekten zur isländischen Sprache und Verbvalenz. Autorin, Herausgeberin und Übersetzerin (Isländisch, Norwegisch, Schwedisch) von zahlreichen Fachbüchern und Artikeln aus dem Bereich der Philologie und der germanischen Altertumskunde und Sprache.

Jan Alexander van Nahl studierte u.a. Skandinavistik und Historische Geographie an der Rheinischen Friedrich-Wilhelms-Universität Bonn und der Universität Uppsala, Schweden; Promotion an der Ludwig-Maximilians-Universität München; Gastdozent an der Schlesischen Universität Katowice, Polen. Seit 2014 tätig in Forschung und Lehre an der Universität Island und dem Árni Magnússon-Institut für isländische Studien; Tätigkeiten als Übersetzer sowie als Lektor auf Kreuzfahrtschiffen. Zahlreiche Veröffentlichungen zur (alt)isländischen Literatur und Kultur.

Bibliografische Information der Deutschen Nationalbibliothek

Die Deutsche Nationalbibliothek verzeichnet diese Publikation in der Deutschen Nationalbibliografie; detaillierte bibliografische Daten sind im Internet über ‹http://portal.dnb.de› abrufbar.

ISBN 978-3-87548-838-8

www.buske.de

 Gestaltung und Satz: Jan Alexander van Nahl. Druck und Bindung: Drukarnia Dimograf, Bieslko-Biała. Printed in Poland.

Inhalt

Zum Buch 7

Einführung 11

Damals & heute (12) **Das Land** (17) **Die Menschen** (21) **Die Kultur** (23) **Die Sprache** (27) **Erste Wörter & Wendungen** (30) **Die Zahlen** (33) **Zeitangaben**: *Jahreszahlen & Jahrhunderte | Jahreszeiten | Monate | Tage | Datum | Tageszeiten | Uhrzeiten* (35) **Auf einen Blick**: *Von Alkohol bis Zoll* (42)

Sicher bei Wind und Wetter 45

Wichtiges zum Wetter: *Wetterlage | Bewölkung | Niederschlag | Temperatur | Wind* (46) **Richtiges Verhalten in der Natur** (50)

Anreise und Ankunft 53

Anreise & Einreise: *Fliegen | Anreise per Schiff | Reisen mit Air Iceland Connect* (54) **Ankunft in Keflavík** (58) **Geldumtausch** (59) **Flughafentransfer** (60)

In der Stadt 61

Erste Orientierung (62) **Die Unterkunft**: *Zimmersuche | An der Rezeption | Im Hotel | Beanstandungen | Abreise* (64) **Unterwegs mit dem Bus** (72) **Unterwegs mit dem Taxi** (74) **Den Alltag verwalten**: *Auf der Bank | Auf der Post | Telefonie & Internet | Bei der Polizei* (75) **Einkaufen**: *Öffnungszeiten | Geschäfte | Einkaufen | Lebensmittel | Kleidung | Farben | Andenken & Schmuck | Kosmetika | Akustiker & Optiker | Bücher & Schreibwaren | Tabakwaren* (84)

Kultur erleben 101

Sehenswerte Gebäude & Plätze (103) **Kino, Musik & Theater** (108) **Museen & Co.** (112)

Durchs Land fahren 115

Unterwegs mit dem Auto: *Wichtige Zusatzzeichen bei Fahrten mit dem Auto | Wichtige Hinweise auf der Fahrt | Nach dem Weg fragen | Tanken | Ein Wort zu ... Bußgeldern, Parkmöglichkeiten, Wohnmobilen, Wagen waschen* (116) **Panne & Unfall** (125) **Sehenswürdigkeiten im Land** (129)

Aktiv im Freien 137

Outdooraktivitäten: *Grundausrüstung und Fotografieren | Angeln | Fahrrad fahren | Gletschertouren | Nordlichttouren | Reittouren | Schwimmen | Skifahren | Vogelbeobachtung | Walbeobachtung* (140) **Trekking & Wandern**: *Grundausstattung | Kleidung | Kochutensilien* (154) **Vom Campingplatz zum Ferienhaus** (157)

Mit Kindern reisen 165

Essen und Trinken 169

Im Restaurant (171) **Von der Speisekarte**: *Vorspeisen | Hauptgerichte | Nachtisch* (174) **Brunch, Kaffee & Kuchen** (180) **Getränke**: *Alkoholische & Nichtalkoholische Getränke* (184) **Landestypische Gerichte** (185)

Behindert, krank, verletzt 187

Körperliche Behinderung (188) **Krank oder verletzt** (191) **Beim Zahnarzt** (198) **In der Apotheke** (200)

Studium und Arbeit 203

Studieren in Island (204) **Arbeiten in Island** (212)

Smalltalk 217

Begrüßung & Abschied (219) **Näheres Kennenlernen** (220) **Verabredungen** (222) **Annäherung** (224) **Belästigung** (225)

Lesetipps 227

Wörterbücher & Lehrbücher (228) **Literatur- & Sprachgeschichte** (230) **Reiseführer & mehr** (232)

Abbildungsnachweis 234

Zum Buch

Sie reisen nach Island? Sie reisen nach Island! Und wir möchten, dass Sie dieses großartige Land, seine Kultur und seine Einwohner von Beginn an ein wenig besser verstehen als andere der mittlerweile in die Millionen gehenden Islandreisenden pro Jahr. Das war unsere Motivation, dieses Buch zu schreiben. Orientiert haben wir uns an unseren eigenen jahrzehntelangen Erfahrungen mit Reisen, Leben und Arbeiten auf Island. Aus dieser Erfahrung heraus haben wir Ideen entwickelt und sind schließlich zu der vorliegenden Form eines Sprachreiseführers gelangt, der seinen Schwerpunkt auf den ersten praktischen Spracherwerb im Land legt, aber auch viele weitere Hinweise für die Reise bietet. Wir verstehen unser Buch als einen etwas anderen Zugang zu dieser Vulkaninsel im Atlantik, die in den letzten Jahren durch Finanzkrise, Vulkanausbrüche, Fußball-Europameisterschaft und Panama Papers wiederholt in den internationalen Blick gerückt ist.

Eingeleitet wird das Buch von einem Einblick in die Geschichte Islands, in Land und Leute sowie Kultur und Wirtschaft. Grundlagen zur Sprache, erste Wörter und Wendungen, Zahlen und Zeit sowie ein Überblick zu Wissenswertem schließen sich an. Vertieft werden diese Themen, vor allem unter sprachlichem Aspekt, dann in den einzelnen Kapiteln, seien es ein Tag in der Stadt, Essen & Trinken, eine mehrtägige Fahrt durchs Land oder ein Outdoorerlebnis. Auch Spezialthemen wie Verletzungen und Behinderung, Studium und Arbeit oder Reisen mit Kindern werden behandelt. Dieses bunte Spektrum haben wir mit einer Struktur versehen, die (hoffentlich) in jeder Situation unkomplizierten Zugriff ermöglicht. Wir haben das vorausgehende Inhaltsverzeichnis genauer aufgeschlüsselt, wo es uns sinnvoll erschien, und in den Kapiteln erleichtern Querverweise die thematische Orientierung. Zahlreiche Farbfotos, wesentlich in den Jahren 2014 bis 2017 entstanden, illustrieren diverse Aspekte und vermitteln Ihnen einen anregenden ersten Eindruck von der Eigenart und Vielfalt der isländischen Natur und Kultur.

In Fließtexten sind besonders interessante Aspekte farblich markiert, ebenso sind in Wortlisten und Beispielsätzen die isländischen Wendungen farblich hervorgehoben; auch **Links** zu Onlineangeboten sind optisch herausgestellt. Mit Blick auf aktive Sprechversuche steht einem isländischen Ausdruck meist die deutsche Entsprechung voran (bei Phrasen und Sätzen markiert mit ▸). In einigen Fällen, z.B. bei wichtigen Hinweisen im Straßenverkehr oder zum Wetter, steht hingegen zunächst der isländische Ausdruck, dem Sie begegnen könnten. Alle offiziellen Angaben, soweit nicht anders vermerkt, sind auf dem Stand vom Frühjahr 2017; die zahlreichen Links erlauben im Zweifelsfall das rasche Abrufen des letztgültigen Standes.

Natürlich kann kein Sprach- und Reiseführer alle Eventualitäten abdecken und zu jedem Thema alle Interessen befriedigen; das gilt auch für den hier zusammengeführten Wortschatz. Wir wollten keine Sprach- und Kulturgeschichte Islands schreiben, auch keinen ausführlichen Reiseführer im klassischen Sinne, sondern eine handliche Einführung, die (nicht nur) Sprachenthusiasten zum Stöbern, Entdecken und Kombinieren einlädt. Klassische Reiseführer und -berichte zu Island gibt es mittlerweile eine ganze Reihe. Im Internet gibt es eine Unzahl an Blogs, auf denen Islandfans ihre Erfahrungen in Fotos und kurzen Texten dokumentieren. Und alle Smartphone-Besitzer können eine Vielzahl an Apps herunterladen, die den Aufenthalt in Island einfacher gestalten sollen; wir verweisen überall auf das, was uns sinnvoll erscheint. Wir wissen auch, dass dieses Buch keinen Sprachkurs, kein Lehrbuch und kein Wörterbuch ersetzen kann. Isländisch ist eine schwierige Sprache, nicht zu vergleichen mit den flektionsarmen festlandskandinavischen Sprachen wie z.B. Schwedisch. Seien Sie also nicht frustriert, wenn Sie nicht bereits nach wenigen Tagen dem Café-Gespräch der Einheimischen oder den Schlagzeilen der Tageszeitung mühelos folgen können!

Unser Ziel ist es, Ihnen einen ersten Einblick ins Isländische zu vermitteln, ohne dass irgendwo der authoritäre Anspruch eines Lehrbuchs angestrebt wäre. Wenn Sie aber vielleicht (bestimmt!)

Gefallen an der isländischen Sprache, vielleicht auch an ihrer Geschichte und den großen literarischen Zeugnissen seit dem Mittelalter finden, dann werfen Sie einen Blick in unsere Literaturempfehlungen auf den letzten Seiten dieses Buches; auch eigene Werke sind darunter. Die vorliegende Form ist insofern nicht nur aus praktischen Erfahrungen im Land erwachsen, sondern auch das Ergebnis von langer Arbeit am Schreibtisch.

Überall haben die Inhalte vielfältig profitiert von der 'Expertise' zahlreicher weiterer Personen. Neben unseren beiden muttersprachlichen Beraterinnen (siehe nächste Seite), die auch mehrfach Korrektur lasen, sind zu nennen: Stefan Drabek (mit einem BA der Universität Islands), der in Dresden eine private Sprachschule für Isländisch betreibt; Natalie Korobzow und Tatjana Mayeres, Masterstudentinnen in Köln; die Studierenden in den Sprach- und Lektürekursen Isländisch an der Universität Bonn, vor allem Angela Wittmann; Dr. Anita Sauckel, Universität Reykjavík, und Bernhard Hubner, Vettelschoß, steuerten Spezialwissen bei. Danke Euch allen für die Unterstützung und das sorgfältige Lesen, so sind nicht noch mehr Fehler stehen geblieben! Alice Pantermüller, Marwede, und Ruth van Nahl, Universität Bonn, waren sehr großzügig mit ihren Fotos aus dem ganzen Land, ohne die dieser Sprachreiseführer viel farbloser wäre. Ein besonderes Dankeschön geht natürlich an den Verlag, der auch unsere Lehrbücher verlegt und nun diesen Sprachreiseführer mit uns gewagt hat! An erster Stelle zu nennen sind Axel Kopido für seine Geduld und seine kompetenten Ratschläge bei der Erstellung der Druckfassung sowie unsere Lektorin Maureen Grönke, die auch in diesem Buch erbarmungslos Unstimmigkeiten aufdeckte. Fast unnötig zu erwähnen, dass wir Autoren die alleinige Verantwortung für Fehler und individuelle Entscheidungen tragen!

Bonn & Reykjavík, im Juni 2017

Astrid van Nahl
Jan Alexander van Nahl

Wir haben diesen Sprachführer gemacht

Autoren (Konzept & Umsetzung)

Dr. Astrid van Nahl

Rheinische Friedrich-Wilhelms-Universität Bonn, Skandinavische Sprachen und Literaturen

Dr. Jan Alexander van Nahl

Universität Island, Stofnun Árna Magnússonar í íslenskum fræðum, Reykjavík

Beratung

Þórlaug Haraldsdóttir-Hübl

Karlsruhe

Ríta María Duppler, M.A.

Berlin (www.island-reisen.de)

Einführung

Damals und heute 12

Das Land 17

Die Menschen 21

Die Kultur 23

Die Sprache 27

Erste Wörter & Wendungen 30

Die Zahlen 33

Zeitangaben 35

Auf einen Blick 42

Damals und heute

2014 wurde die Republik Island 70 Jahre alt – aber dem gingen mehr als 1100 Jahre aufregende Geschichte voraus. Als auf dem europäischen Festland Karl der Große mit seinem ausgedehnten Frankenreich einen Grundstein mittelalterlicher Hochkultur legte, lebten im kargen Island vermutlich nur einige irische Mönche. Wir wissen sehr wenig über diese frühe Zeit auf Island. Was wir berechtigt vermuten, ist, dass es mit der Ruhe vorbei war, als in den 870er Jahren eine regelrechte Invasion ihren Anfang nahm.

Alles im Blick: Ingólfur Arnarson überschaut Teile der Innenstadt

Zunächst wohl nur zögerlich setzten Skandinavier ihren Fuß auf die Insel: *Garðar Svavarsson* aus Schweden etwa, der mit seinem Schiff an die Nordküste Islands verschlagen wurde, einen Winter dort blieb und das Land selbstbewusst **Garðarshólmr**, Garðars Insel, taufte. Der Norweger *Naddodd*, den es an die Ostküste verschlug und der das Land pragmatisch **Snæland**, Schneeland, nannte. *Flóki Vilgerðarson*, der zeitnah als Erster gezielt versuchte, auf der Insel mit seinem Vieh zu siedeln; der lange Winter und mangelnde Vorkehrungen ließen den Versuch jedoch scheitern, Flóki kehrte missmutig nach Norwegen zurück und nannte das unwirtliche Land **Ísland**, Eisland.

Der erste offizielle Siedler war **Ingólfur Arnarson**. Um 874 n. Chr. sei das gewesen, so einige Quellen. Einem Brauch folgend, warf er angeblich die Pfeiler seines Hochsitzes ins Meer und siedelte dort, wo sie an Land trieben, in der Bucht, die vom Dampf der heißen Quellen 'rauchte' – das heutige **Reykjavík**, Rauchbucht. Danach riss der Zustrom neuer Siedler nicht mehr ab, vor allem von Westnorwegen – das erklärt die nahe Verwandtschaft des Isländischen mit dem (Alt-)Norwegischen – und den Britischen Inseln aus. Den Zeitraum von Ingólfurs Ankunft bis 930 nennen wir daher die **Landnahmezeit**. Die Einwanderer nutzten von Beginn an das ganze zum Siedeln geeignete Land, vor allem die Küstenregionen. Heute sind etwa 1.000 km² von den vorhandenen 103.000 km² kultiviert. Rechnet man Küsten, Weideflächen, Gletscher und Seen ab, so bleiben rund 52.000 km² unbewohnbares Ödland: Lavafelder und Sandwüsten.

Eindrucksvolles Panorama: Þingvellir, die alte Thingebene

Die kostenfreie Landaneignung brachte für die Siedler beachtliche Besitztümer (und Macht) mit sich; trotz unvermeidlicher Auseinandersetzungen etablierte sich bald eine freiheitliche Ordnung, die im damaligen Europa ihresgleichen sucht. Es entstand, vereinfacht gesagt, eine Art Rechtsstaat, um den inneren Frieden zu sichern, mit dem Alþingi, Allthing, als sozialem und politischem Mittelpunkt, auf dem jährlich im Sommer zwei Wochen lang Recht verhandelt und gesprochen wurde. Inwieweit Urteilen Folge geleistet wurde, steht auf einem anderen Blatt, da eine Exekutive in Island fehlte.

Konfliktlösung im mittelalterlichen Island, nachgestellt im Reykjavíker Sagamuseum

Die Zeit von 930 bis 1030 wird oft als Sagazeit bezeichnet. In diesen 100 Jahren spielt der größte Teil der Handlung in den berühmten Isländersagas; allerdings wurden diese dann erst ab dem 13. Jahrhundert zu Pergament gebracht, neben zahlreichen anderen Erzählungen.

Historiker, Dichter und Machtmensch: Snorri Sturluson

Um das Jahr 1000 trat Island nach Allthingbeschluss zum **Christentum** über, um die Ordnung aufrecht zu halten und zu festigen. Mit dem Aufbau der isländischen Kirche begann eine materielle, kulturelle und wissenschaftliche Hochzeit – es sind Islands goldene Jahre, die bisweilen (etwas verklärend) als **Friedenszeit** bezeichnet werden.

Das 12. und vor allem 13. Jahrhundert – nach dem mächtigsten Geschlecht Islands, den *Sturlungar*, auch **Sturlungenzeit** genannt – ist nicht nur die Zeit einer überaus reichen literarischen Produktion, sondern auch eine Zeit der sozialen und politischen Krise. Die Macht konzentrierte sich in den Händen von immer weniger Großgrundbesitzern, u.a. **Snorri Sturluson** (1179–1241), die skrupellos nach immer mehr Einfluss und Besitz strebten – angestachelt auch vom norwegischen König **Hákon Hákonarson**, der seinen eigenen Einfluss in Island erweitern wollte. Letzten Endes führten die Streitigkeiten zur Auflösung der inneren Ordnung. Der Norwegerkönig verstärkte den wirtschaftlichen Druck auf Island und unterwarf es schließlich 1262/64. Island verlor für fast 700 Jahre seine **Unabhängigkeit**. Als Untertanen zahlten die Isländer nun Steuern an den König und unterlagen dem leicht angepassten norwegischen Recht. Es ist sicherlich kein Zufall, dass die **großen literarischen Werke** des mittelalterlichen Islands in den ersten Jahrhunderten der Krise entstanden sind, im Sinne einer reflektierenden Auseinandersetzung mit der Stellung der kleinen Insel im damaligen Weltgefüge.

Island wurde isoliert, und als es 1380 mit Norwegen an die dänische Krone fiel, drohte das Land seine in den vorausgehenden Jahrhunderten geformte Identität zu verlieren. Hinzu kamen Naturkatastrophen, Missernten, Hungersnöte und Seuchen, darunter der Schwarze Tod, die **Pest**; rund zwei Drittel der Bevölkerung fielen diesen Katastrophen zum Opfer. Mehrere Jahrhunderte lang hörte man danach kaum etwas von dem Land, und auch die zur Mitte des 16. Jahrhunderts durchgeführte lutherische Reformation änderte daran wenig. Erst als vielerorts in Europa ein neues Nationalbewusstsein erwachte, regte sich auch in Island wieder eine Selbstständigkeitsbewegung. 1874 gewährten die Dänen den Isländern eine eigene Verfassung; am 1. Dezember 1918 wurde Island dann ein unabhängiges Königreich mit einem eigenen Ministerium und dem dänischen König als Staatsoberhaupt. Von da an durfte es über innere Angelegenheiten selbst bestimmen. Es verwundert nicht, dass in Reaktion auf Jahrhunderte einerseits der Abhängigkeit, andererseits der Vergessenheit vor allem im frühen 20. Jahrhundert führende Kulturwissenschaftler in Island bestrebt waren, eine fortdauernde isländische Kulturkontinuität seit dem Mittelalter zu konstruieren.

Im Zweiten Weltkrieg, kurz nach der Besetzung Dänemarks und Norwegens durch die Deutschen, bezogen die Engländer gegen den Willen der meisten Isländer Stellung im Land, und in Absprache mit dem Allthing kamen 1941 auch die US-Amerikaner zur Verteidigung; im Rahmen der Nato sollten sie bis 2006 in *Keflavík* nahe Reykjavík stationiert bleiben (2016 wurde hinter geschlossenen Türen diskutiert, auf der Insel wieder US-amerikanisches Militär zu stationieren). Seinerzeit wurden zwar neue Arbeitsplätze geschaffen und der wirtschaftliche Aufschwung blieb nicht aus; viele große Projekte wurden in Angriff genommen. Preis- und Lohnsteigerung führte aber auch zu einer raschen Inflation, ein Problem bis in die 1990er Jahre. Währenddessen gingen die Unabhängigkeitsbestrebungen in Island stetig weiter; in einem Volksentscheid stimmten die Isländer mit großer Mehrheit gegen eine weitere Personalunion mit Dänemark. Am 17. Juni 1944, dem heutigen Nationalfeiertag, wurde auf dem alten Versammlungsplatz der Thingebene die freie Republik Island ausgerufen. Seither ist das Land eine parlamentarische Demokratie mit einem Präsidenten an der Spitze.

Mythologisch geprägt: das Wappen Islands

2008 brach dann die bis dato größte Finanzkrise über das Land herein, als die isländischen Banken Auslandsschulden in Milliardenhöhe nicht zurückzahlen konnten; die genauen Summen und Hintergründe werden bis heute diskutiert, es handelt sich wohl vor allem um grandiose Fehlspekulationen auf dem internationalen Markt. Um dem drohenden Staatsbankrott zu entgehen, wurde der gesamte Bankensektor verstaatlicht. Die Finanzkrise hatte dennoch schwerwiegende negative Auswirkungen auf die isländische Wirtschaft, und die Währung musste einen erheblichen Wertverlust hinnehmen. Weithin gefeiert wurde hingegen die Verurteilung einiger isländischer Banker zu Haftstrafen (wobei keine dieser Strafen vollständig verbüßt wurde).

Mittlerweile zeigt sich wieder ein wirtschaftlicher Aufschwung. Mit der Ansiedlung energieintensiver Industrien versucht man finanzkräftige Unternehmen in Island zu etablieren. Neben der Fischindustrie ist heute aber der Tourismus die größte Einnahmequelle, angeheizt nicht zuletzt durch Vulkanausbrüche und die Fußball-EM 2016, bei der das Land das Viertelfinale erreichte. 2010 wurden Beitrittsverhandlungen mit der EU geführt. Bei den Parlamentswahlen 2013 gewann aber die Unabhängigkeits- und Fortschrittspartei die Macht zurück und beendete sämtliche Beitrittsverhandlungen.

2016 wurde durch die so genannten Panama Papers bekannt, dass hochrangige Politiker und Wirtschaftsgrößen Islands Steuerhinterziehung im großen Stil betrieben hatten. Der wachsende Druck führte zum Rücktritt des isländischen Ministerpräsidenten. Im Juni 2016 wurde der Historiker *Guðni Th. Jóhannesson* zum neuen Präsidenten Islands gewählt. Allerdings reichten die Reaktionen von Unverständnis über Empörung hin zu Spott, als Anfang 2017 *Bjarni Benediktsson* zum neuen Ministerpräsidenten ernannt wurde – ein Name, der u.a. ebenfalls durch die Panama Papers kompromittiert ist. Die derzeitige Situation Islands ist insofern einerseits durch Hoffnung auf eine dauerhafte wirtschaftliche Stabilisierung geprägt, andererseits durch Skepsis, ob der eingeschlagene Weg tatsächlich Verbesserungen herbeiführt.

Das Land

Nach Großbritannien ist Island die größte Insel Europas, die drittgrößte im Atlantischen Ozean. Von den rund 103.000 km^2 ist nur knapp ein Zehntel bewohnt; von den rund 340.000 Einwohnern (Stand Januar 2017) leben ca. 121.000 in Reykjavík (insgesamt rund 200.000 im Hauptstadtgebiet) und 18.000 in Akureyri, der größten Stadt im Norden Islands. Die übrige Bevölkerung verteilt sich auf die Ortschaften entlang der Küste; das Hochland ist unbesiedelt.

Auch im Sommer ist es rund um Jökulsárlón, die Gletscherlagune, eisig kalt

Island ist ein riesiger Fels aus Eruptivgestein, über Jahrtausende hinweg durch Erdbewegung aufgebrochen, geformt durch Erosion, Abschürfung, Frost, Vulkanausbrüche und andere Naturkräfte. Das Land ist dementsprechend schroff, von Spalten zerklüftet; weite Teile der Küstenregionen werden von Flüssen und Fjorden zerschnitten, sind steil, felsig, unregelmäßig geformt.

Gletscher bedecken mehr als ein Zehntel des Landes; der größte von ihnen, der Vatnajökull, Gewässergletscher, ist immer noch etwa so groß wie alle Alpengletscher zusammen (über 8.000 km^2).

Unter seiner bis zu 900 Meter dicken Eisdecke lauern Vulkane, die Eis und Schutt mit gewaltiger Energie emporschleudern können. Der bekannteste Ausbruch eines subglazialen Vulkans in jüngerer Zeit war 2010 der des **Eyjafjallajökuls**, Gletscher in den Inselbergen. Die wasserreichen Gletscherflüsse führen oft Geröll und Schutt mit sich und verzweigen sich in Sandflächen; dadurch verändern sie auch ihren Lauf und ihre Tiefe. Viele Flüsse münden in steile Wasserfälle: Der größte ist *Dettifoss*, Sturzwasserfall (44 m), der vielleicht schönste *Gullfoss*, goldener Wasserfall (32 m). Überall auf der Insel finden sich zudem Seen, auch in einigen Kratern. In den Sandergebieten am Fuß der großen Gletscher gibt es zudem Lagunen, die bekannteste unter ihnen *Jökulsárlón*, Gletscherlagune (siehe Foto vorherige Seite).

Naturschauspiel: der gewaltige Dettifoss

Die Vulkane aus der Vor- und Nacheiszeit tragen in Island meist weibliche Namen; sie haben alle erdenklichen Formen, und einige sind noch aktiv. Allein der Vulkan *Katla* ist seit der Besiedlung Islands 17 Mal ausgebrochen, die *Hekla* 15 Mal. In den Blick der Öffentlichkeit gerieten auch die der Südküste Islands vorgelagerten **Vestmannaeyjar**, Westmännerinseln, als sich 1963 durch eine unterseeische Vulkaneruption eine neue Insel zu bilden begann, die 1967 den Namen *Surtsey*, Insel des *Surtr* (ein Feuerriese der nordischen Mythologie), erhielt. Im Januar 1973 mussten 5.000 Menschen evakuiert werden, als sich auf der Hauptinsel der *Vestmannaeyjar*, *Heimaey*, eine Vulkanspalte auftat, deren Eruption rund 400 Häuser unter Lava begrub. Bei der Evakuierung mit Schiffen kam niemand zu Schaden, und die Einwohner bauten später alles wieder neu auf.

Achtung, heiß!

Zeichen dieser vulkanischen Aktivität sind aber auch die warmen Quellen (*laugar*) und die heißen Quellen (*hverir*); manche von ihnen sind Springquellen, die bekannteste der Stóri Geysir, großer Geysir, der allen Springquellen der Welt den Namen gegeben hat. Auch Solfataren gehören zum Vulkanismus, runde Krater mit brodelndem Schlammbrei, dem Dämpfe und Gase entweichen, die wiederum bestimmte Stoffe abgeben und den Solfatarengebieten einen spektakulären Farbenreichtum verleihen.

Farbenprächtig: Hveraröndbim Nordosten

Etwa 250 Geothermalgebiete sorgen für sehr günstige Warmwasserbereitung; auch große Straßen und Gewächshäuser werden damit beheizt, sodass 70 km vom Polarkreis entfernt Bananen und Zitronen wachsen. Nicht zuletzt dank dieser umweltfreundlichen Heizart gehört Island zu den Ländern mit der saubersten Luft und dem klarsten Wasser. Obwohl aber die Energie in Island weitgehend erneuerbaren Quellen entstammt, wurde in jüngerer Zeit mehrfach darauf verwiesen, dass deren Regenerationsprozess durchschnittlich mehrere Generationen umfasst, sodass die isländische Gesellschaft in absehbarer Zeit zu einem bewussteren Umgang mit ihrer Energie finden muss.

Widriges Klima, Vulkanausbrüche, Gletscherbewegungen, Erosion und menschlicher Eingriff haben dazu beigetragen, dass größere Landesteile eine nur spärliche Vegetation aufweisen. Felder, Sandwüsten und Lavafelder sind oft ohne jeden nennenswerten Bewuchs. Die Waldflächen, die die ersten Siedler vorfanden, wurden genutzt für Häuser- und Schiffsbau und als Brennmaterial; die unkontrollierte Nutzung der Flächen durch Schafe verhinderte dann ein Nachwachsen des Baumbestandes und zog eine starke Bodenerosion nach sich; auch die Auswirkungen von Vulkanausbrüchen sind nicht zu unterschätzen. Erst seit Anfang des 20. Jahrhunderts versucht man sich an einer gezielten Aufforstung, in den letzten Jahren recht erfolgreich. Aber der augenzwinkernde Ratschlag, wenn man sich einmal im isländischen Wald verirrt, solle man einfach aufstehen, um Überblick zu gewinnen, kommt nicht von ungefähr.

Island, das Eisland: bei aller Härte ein empfindliches Ökosystem

Es gibt zwar nach wie vor keine üppige Vegetation in Island, aber dafür so viele unterschiedliche Pflanzenarten, wie sie selten in ein und demselben Land anzutreffen sind: im Tiefland die Gräser der Wiesen, Sümpfe, Marschen und Moore sowie Heidepflanzen; auf Lavafeldern Moose und farbenprächtige Flechten; allerlei Gewächse an steinigen Ufern, in trockenen Flussbetten, im Hochland und in der Umgebung der heißen Quellen. Gefragt ist daher aber auch besondere Rücksichtnahme bei Fahrten und Wanderungen durchs Land; allzu leicht wird das sensible Gleichgewicht zwischen Mensch und Natur nachhaltig gestört, wenn Gegenden für den Bus- und Autoverkehr erschlossen werden und hunderttausende Füße neue Wege bahnen.

Die Menschen

Isländer haben ein bemerkenswertes Geschichts- und Traditionsbewusstsein; deutlicher als in vielen anderen europäischen Ländern ist die Vergangenheit wichtiger Teil ihrer Gegenwart. Dies zeigt sich besonders in einem ausgeprägten Verhältnis zur eigenen **Literatur und Sprache**. Nirgendwo in Europa werden – pro Kopf – so viele Bücher geschrieben und veröffentlicht wie in Island. Auch Musik und Kunst haben einen festen Sitz im Leben, und vor allem Reykjavík zieht mittlerweile international bekannte Künstler an, bietet gerade mit seinen vielen kleinen Bars aber auch Neulingen ein Forum.

Vielleicht war es den Isländern nur durch zähes Festhalten und Erinnerungen an die ruhmreiche Vergangenheit möglich, 700 Jahre Fremdherrschaft ohne einen dauerhaften Verlust des eigenen Selbstbewusstseins zu überstehen. Dem ausgeprägten Stolz der Isländer wird es jedenfalls entgegenkommen, wenn Sie versuchen, ein paar Sätze in ihrer Sprache zu sprechen; manchmal mag man dadurch sogar eine spontane Einladung oder auf dem Flohmarkt günstigere Preise erhalten. Apropos **Einladung**: Denken Sie daran, dass Pünktlichkeit keine isländische Tugend ist – man hat Zeit. Verabredungen werden zwar weitgehend eingehalten, aber oft mit Verspätung, was keinesfalls für böse Absicht oder mangelndes Interesse spricht. Gehen Sie stillschweigend darüber hinweg – auch Isländer werden nicht gern getadelt, und wofür denn überhaupt? Sie machen ja keine Fehler! Gute Nerven benötigen Sie alleine dann, wenn Sie dringend auf einen Handwerker warten, der seinen Terminkalender nicht zu ernst nimmt ...

Auch wenn es vor allem nach der Staatskrise soziale Unterschiede gibt, erscheint Island auf den ersten Blick immer noch wie eine weitgehend klassenlose Gesellschaft. Man könnte meinen, Jeder kenne Jeden und dessen Familie und die Vorfahren noch dazu. Das **Familienbewusstsein** ist extrem ausgeprägt und Genealogien haben immer eine große Rolle gespielt, schließlich sind ja auch die 'Nachnamen' auf *-son*, Sohn, und *-dóttir*, Tochter, nur genealogische Angaben. Wundern Sie sich also nicht, wenn man Sie fragt, ob Sie nicht auch diese oder jene Deutschen kennen. Dieses Interesse ist übrigens für viele Isländer ein wesentlicher Grund, eine Tageszeitung zu abonnieren: Hier wird täglich großformatig über das Ableben von Landesbewohnern unterrichtet – vielleicht ist ein Verwandter darunter!?

Reykjavík bei der Einfahrt in den Hafen

Gleichheit an der Oberfläche zum Trotz stoßen Sie überall in Island auf krasse Gegensätze. Den kleinen einfachen Dörfern oder Ansiedlungen auf dem Land, in denen man Isländern begegnet, die sich spontan Zeit für lange Erzählungen und Ortsführungen nehmen, steht in der Stadt eine hochmoderne und geschäftig wirkende Gesellschaft gegenüber, die sich in ihren Ansprüchen von anderen westlichen Gesellschaften nicht unterscheidet. Vor allem der **Einfluss der US-amerikanischen Kultur** macht sich dabei in vielen Details, besonders aber bei Sprache und Esskultur, bemerkbar; sowohl das wuchtige SUV als auch der großformatige Gasgrill sind beliebte Statussymbole.

Bei allem Traditionsbewusstsein sind Isländer zudem Neuem gegenüber extrem aufgeschlossen und mit bisweilen geradezu kindlichem Eifer interessiert an technischen Neuerungen. Hinsichtlich Internet und Datennetze steht Island weltweit ganz vorne und der heimische Anschluss ans Glasfasernetz wird gerne erwähnt; von technischen Störungen bleibt man freilich auch auf Island nicht verschont. Man fragt sich aber bisweilen, wie mit diesem Interesse für neueste technische Errungenschaften der Hang zum Aberglauben vereinbar ist – denn an dem hartnäckigen Gerücht, dass viele Isländer an die Existenz von z.B. Elfen glauben, mag auch jenseits von touristischer Vermarktung etwas Wahres dran sein.

Die Kultur

Manche Menschen begegnen Island zum ersten Mal in seiner berühmten mittelalterlichen Literatur, vor allem in den Eddas und Sagas. Herausragend und am bekanntesten sind die großen Isländersagas, aufgezeichnet im 13. und 14. Jahrhundert, umfangreiche Prosaerzählungen, die von Leben und Taten einzelner Isländer (wie *Egill, Gísli, Grettir*) oder den Geschicken ganzer Familien oder Landstriche (wie der Leute aus dem *Laxártal*) berichten. Die Literatur des mittelalterlichen europäischen Kontinents hat diesen Werken nichts Vergleichbares entgegenzusetzen.

Auch die Geschichtsschreibung hat auf Island eine lange Tradition. Erhalten sind z.B. die dem isländischen Gelehrten *Ari Þorgilsson* (1068–1148) zugeschriebene Íslendingabók (Buch der Isländer), die Geschichte der isländischen Gesellschaft bis 1118, die Landnámabók (Buch der Landnahme), in der Hunderte der frühen Siedler verzeichnet sind oder die Heimskringla (Weltkreis), die umfassende Geschichte des norwegischen Königshauses, zusammengestellt um 1230 von Snorri Sturluson. In vielen dieser literarischen Werke zeigt sich eine geschickte Verbindung einheimischer Traditionen mit diversen kontinentalen Einflüssen – schließlich bereisten die Wikinger ab etwa 800 n. Chr. weite Teile Europas, und mittelalterliche skandinavische Gelehrte besuchten spätestens ab dem 12. Jahrhundert kontinentale Zentren der Gelehrsamkeit. Weltanschauliche Aspekte der Wikingerzeit (und der folgenden Jahrhunderte) offenbaren sich auch in der mythologisch-heroischen eddischen Dichtung, wesentlich zwischen 800 und 1300 entstanden; die genaue Datierung vieler dieser

Die Buntglasfenster der Evangelisch-Lutherischen Kirche in Akureyri erzählen zahlreiche Episoden aus der isländischen Geschichte

Erzählungen ist unsicher. Aus ihnen holte sich übrigens *Richard Wagner* Anregungen für sein großes Werk *Der Ring des Nibelungen*, und noch heute gilt die gut dokumentierte nordische Mythologie vielen Laien als germanische Mythologie überhaupt. Als Quelle für eine heidnisch-germanische Religion ist diese facettenreiche Überlieferung aber nur mit großer Vorsicht zu genießen.

1929 begonnen, wurde die Hallgrímskirkja erst 1986 fertiggestellt; die 1992 eingeweihte Orgel wurde übrigens in Deutschland gebaut

Der Verlust der Unabhängigkeit Islands um 1260 und die daraus erwachsenden Schwierigkeiten in den folgenden Jahrhunderten prägten das kulturelle Leben Islands und führten zu einem langsamen Niedergang der Literatur. Wenige Namen stechen hervor, darunter im 17. Jahrhundert der Kirchenlieddichter **Hallgrímur Pétursson**, nach dem die größte Kirche in Reykjavík, die *Hallgrímskirkja*, benannt ist.

Erst mit dem generellen Erwachen eines neuen Nationalbewusstseins im 19. Jahrhundert treten auch isländische Dichter wieder verstärkt hervor. Sie besinnen sich verklärend auf die große Vergangenheit und besingen in romantischen Gedichten die Naturschönheit Islands. Anfang des 20. Jahrhunderts setzt dann die erzählende Prosaliteratur wieder ein. **Halldór Laxness** (1902–1998) machte sie durch seine Auszeichnung mit dem Nobelpreis für Literatur im Jahr 1955 weit über die Grenzen des Landes hinaus bekannt; die Frankfurter Buchmesse 2011, mit Ehrengast Island, tat das Ihre dazu, die reiche literarische Produktion des Landes öffentlich aufzuzeigen. *Jólabókaflóð* bezeichnet übrigens die jährliche Flut an Neuerscheinungen kurz vor Weihnachten – selbst für den Insider kaum noch überschaubar.

Außen wie innen modern und ein beliebter Veranstaltungsort: das Konzerthaus Harpa

Doch nicht nur die Literatur, auch andere Künste, darunter vor allem Malerei, Bildhauerei und Musik, entwickelten sich im 20. Jahrhundert. Viele Kunstschätze kann man heute in den Museen in Reykjavík bewundern. In den Theatern des Landes werden isländische und ausländische Schauspiele aufgeführt. Und nicht zuletzt gibt es **Harpa**, das architektonisch kühne Konzert- und Konferenzhaus, das auch die isländische Oper und das isländische Sinfonieorchester beherbergt; beklagte auch mancher Isländer die Aufwendung immenser Geldsummen (der Kredit wird noch auf Jahrzehnte abzuzahlen sein), wurde Harpa dennoch zum Symbol für den wirtschaftlichen Aufschwung Islands kurz nach der *kreppa*, der Staatskrise 2008. Die riesige Baugruppe neben Harpa, ein lange geplantes Luxushotel, erscheint da wie ein Mahnmal, ähnlich wie die gewaltige Baugrube neben der Universität in Reykjavík, wo Anfang 2017 noch immer auf die Grundsteinlegung für das neue Gebäude der *Stofnun Árna Magnússonar* gewartet wird, des isländischen Handschrifteninstituts, das sich der Erhaltung und Erforschung des literarischen Erbes verschrieben hat.

Mit dem aufkeimenden Nationalbewusstsein erwachte seinerzeit aber auch wieder der Wunsch nach mehr **Wissen und Bildung**. Bis ins 20. Jahrhundert lernten Kinder auf dem Land von den Eltern oder beim Pfarrer Lesen, Schreiben und Rechnen; zu einer weiteren Bildung musste man oft ins Ausland, vor allem nach Dänemark fahren. Der isländische Schriftsteller *Jon Svensson* (*Jón Sveinsson*) hat dieser Zeit in seinen *Nonni und Manni*-Büchern ein lebendiges Denkmal gesetzt.

Wuchtige Präsenz am Rande der Innenstadt: Háskóli Íslands

Auch für das **Studium** war es bis Ende des 19. Jahrhunderts nötig, ins Ausland zu gehen, da Island keine eigene Universität hatte. Nach der Gründung eines Theologischen Seminars 1847 trieb man aber den Ausbau weiterer Fakultäten voran. Die heutige Universität Island, **Háskóli Íslands**, wurde just an dem Tag gegründet, der 33 Jahre später zum isländischen Nationalfeiertag werden sollte: am 17. Juni 1911. Damals betrug die Zahl der Studierenden 45 (darunter eine Frau), Anfang 2016 waren es mehr als 13.000. 1940 zog die Universität in das Hauptgebäude in der *Suðurgata*. 2008 wurde *Háskóli Íslands* mit *Kennaraháskóli Íslands*, der Hochschule für Erziehungswissenschaften, zusammengelegt und in fünf Bereiche gegliedert: Sozialwissenschaften (*félagsvísindasvið*), Gesundheitswissenschaften (*heilbrigðisvísindasvið*), Geisteswissenschaften (*hugvísindasvið*), Kulturwissenschaften (*menntavísindasvið*) sowie Ingenieurwesen und Naturwissenschaften (*verkfræði- og náttúruvísindasvið*). Der Grad BPhIsl (*Baccalaureatus Philologiae Islandicae*) wird an ausländische Studierende nach erfolgreichem Abschluss eines Studienprogramms für isländische Sprache, Literatur und Geschichte vergeben.

Die Sprache

Isländisch ist eine germanische Sprache und hat aufgrund seiner räumlich abgeschiedenen Lage die alte Sprachstufe mit nur geringen Änderungen (in der Schrift, nicht in der Aussprache!) bewahrt, seit das Land ab dem 9. Jahrhundert systematisch besiedelt wurde. Als Isländer kann man noch heute fast mühelos viele überlieferte Texte aus dem Mittelalter lesen. Obwohl Island 1262/64 seine Unabhängigkeit zunächst an Norwegen und mit diesem dann 1380 an Dänemark verlor und erst 1944 seine Selbstständigkeit wiedererlangte, ist die Sprache lange Zeit weitgehend frei von ausländischen Einflüssen gewesen oder wurde speziell 'gereinigt'. Fremdwörter werden von einer Kommission mit dem zur Verfügung stehenden Wortschatz einfallsreich ins Isländische übersetzt, z.B. *tölva*, Zahlenprophetin = Computer; *mynda|vél*, Bildmaschine = Kamera; *aðal|ræðis|manns|skrif|stofa*, Haupt|verfügungs|manns|schreib|stube = Generalkonsulat; oder sie werden angepasst, damit die Schreibung der Aussprache entspricht, z.B. *fésbók*, Facebook, und *læks*, Likes. Dass der internationale Wortschatz bisher weitgehend fehlt, macht die Sprache einerseits noch schwieriger, hilft andererseits aber denjenigen, die schon etwas Isländisch gelernt haben, indem sie die Bausteine von Wörtern erkennen und sich zusammenreimen können, was gemeint ist. Nicht zuletzt durch die neuen Medien machen sich mittlerweile allerdings verstärkt Fremdwörter in der Sprache bemerkbar, besonders oft unter Jugendlichen; bisweilen wurde pessimistisch gar das Ende der isländischen Sprache in einigen Jahrzehnten prognostiziert. Wundern Sie sich jedenfalls nicht, wenn Sie in bestem Isländisch mit *Hæ!* (Hi!) und *Bæ!* (Bye!) begrüßt und verabschiedet werden.

Neben dem Wortschatz ist auch die Formenlehre konservativ und es herrscht Kongruenz, d.h. zusammengehörige Teile in den grammatischen Kategorien sind durch gleiche Endungen gekennzeichnet. Es gibt zahlreiche Deklinations- und Konjugationsklassen und ebenso viele Ausnahmen. Was heute auf den ersten Blick unlogisch oder unregelmäßig erscheint, lässt sich oft durch sprachgeschichtliche Entwicklungen erklären. Isländisch kennt die gleichen Buchstaben wie das Deutsche, aber *c* und *w* kommen nur in Fremdwörtern vor; seit 1975 ist *z* durch *s* ersetzt. Es gibt einige Zeichen, die das Deutsche gar nicht kennt oder anders ausspricht. Die Aussprache hängt oft von den umgebenden Vokalen oder Konsonanten ab.

Das kann hier nicht vertieft werden. Wenn Sie Interesse an Details oder der Entwicklung der isländischen Sprache seit dem Mittelalter haben, werfen Sie doch einmal einen Blick auf die **weiterführenden Literaturangaben** ab Seite 227 (darunter einige Lehrbücher und Einführungen, die von uns selbst verfasst bzw. übersetzt wurden).

Folgende Buchstaben weichen von der deutschen Aussprache ab:

æ	[ai]	wie dt. *Main*
ð	[ð]	wie engl. *the*
þ	[þ]	Wortanfang; wie engl. *think*
á	[au]	wie dt. *August*
é	[jä]	wie dt. *jäh*
ó	[ou]	wie engl. *so*
u	[ü]	zwischen *ü* und *ö*
au	[öi]	wie franz. *Feuilleton*
ei, ey	[äi]	wie engl. *stay*
hj, hl, hr	[ch]	*h* im Wortanfang; ähnlich dt. *ich* oder *ach*
g	[ɣ]	zwischen Vokalen; ähnlich span. *Tarragona*
g, k	[ch]	vor *t*; ähnlich dt. *Aachen*
ll, rl	[dl]	wie dt. *Handlung*
ng	[ŋg]	wie dt. Languste; Vokal davor ist immer lang
nn, rn	[dn]	ähnlich dt. *werden* (ohne *e*)
s	[s]	ausnahmslos wie dt. *ß*
	[:]	markiert langen Vokal

Zur besseren Lesbarkeit für Einsteiger haben wir in diesem Buch auf die Wiedergabe der Lautschrift im Internationalen Phonetischen Alphabet (IPA) verzichtet; stattdessen verwenden wir eine **vereinfachte Lautschrift**. Lesen Sie die Lautschrift-Sätze also einfach so, als sprächen Sie Deutsch. Mit ein bisschen gutem Willen wird man Sie verstehen, zumal viele Isländer in der Aussprache ohnehin dazu neigen, Wortendungen zu verschlucken und Silben zu verwischen. Die **Abkürzungen** *f*, *m* und *n* stehen für weiblich, männlich und neutral (Adjektivendungen auf *-ur* sind fast immer männlich); *sg* steht für Singular, *pl* für Plural.

Einige Hinweise: Typisch für das Isländische ist eine sogenannte **Präaspiration**, d.h. eine deutlich hörbare Behauchung vor einem mit *p*, *t* oder *k* beginnenden Doppelkonsonanten, z.B. in *ekki* 'nicht', *ætla* 'wollen' oder *sjoppa* 'Kiosk'; manchmal hört man fast ein *ch*. Wir haben diese Behauchung im Folgenden mit einem **hochgestellten** ^{h} markiert.

Die **Betonung** liegt übrigens immer auf der ersten Silbe eines Wortes; Satzbetonungen hängen vom Inhalt ab, man kann sich aber wiederum am Deutschen orientieren. Das gilt auch für den **Satzbau**: Wenn Sie sich an eigenen Sätzen versuchen möchten, denken Sie bitte nicht an die englische Satzgliedstellung, sondern an die deutsche. Und wenn Sie isländische Texte lesen, vielleicht in der Zeitung beim Frühstück im Hotel: Verzweifeln Sie nicht ob der Länge der Sätze! Auch wenn die Isländer wissen, dass es andere Satzzeichen als den Punkt gibt, verwenden sie diese doch recht ungern, vor allem Kommas ...

Und zum Schluss noch die Silbentrennung: Anders als im Deutschen trennt man nach dem Konsonanten: *Ing-ólf-ur* oder *sýn-ing* oder *morg-un*. Zusammengesetzte Wörter trennt man, ähnlich wie im Deutschen, an der Wortgrenze: *upp-lýsingar* oder *Þýska-land*.

Auf den folgenden Seiten haben wir einige häufig verwendete Wörter und Phrasen zusammengestellt, mit deren Hilfe Sie eine erste Kontaktaufnahme mit den Bewohnern Islands erfolgreich bewältigen sollten. Weitere Beispiele und Infos finden Sie auch im Kapitel "Smalltalk" ab S. 217.

Erste Wörter & Wendungen

ja já [jau]

ja, bitte já, takk fyrir [jau, ta^{h}kk firir]

nein nei [näi]

nein, danke nei, takk [näi, ta^{h}kk]

danke takk fyrir [ta^{h}kk firir]

nichts zu danken ekkert að þakka [ä^{h}kkert a þa^{h}kka]

Begrüßung und Abschied

▸*Guten Tag!* Góðan daginn/dag! [gouðan daijinn/ daɣ]

▸*Guten Abend!* Gott kvöld! [go^{h}tt kwöld]

▸*Gute Nacht!* Góða nótt! [gouða nou^{h}tt]

▸*Hi!* Hæ! [ha:i]

▸*Grüß dich!* Sæll! [saidl] (zu einem Mann)
Sæl! [sail] (zu einer Frau)

▸*Grüß euch!* Sælir! [sailir] (zu Männern)
Sælar! [sailar] (zu Frauen)
Sæl! [sail] (zu Männern und Frauen)

▸*Auf Wiedersehen!* Bless! [bläss] (zu allen)

▸*Tschüss!* Bæ! [ba:i]

▸*Wie geht's?* Hvað segir þú? [kwað säijir þu:]

▸*Danke, gut!* Allt gott, takk fyrir! [alt go^{h}tt, ta^{h}kk firir]

▸*So einigermaßen.* Svona, svona. [swona swona]

▸*Schön, dich zu sehen!* Gaman að sjá þig! [gaman a sjau þiɣ]

▸*Danke für neulich!* Takk fyrir síðast! [ta^{h}kk firir si:ðast]

▸*Danke, gleichfalls!* Takk sömuleiðis! [ta^{h}kk sömü·läiðis]

Erste Sätze

▸*Sprichst du Deutsch | Englisch | Französisch | Isländisch?*
Talar þú þýsku | ensku | frönsku | íslensku?
talar þu: þi:skü | änskü | frönskü | i:slänskü

▸*Ich spreche nicht ...*
Ég tala ekki ...
jäɣ tala äʰkki

▸*Ich verstehe (dich) nicht.*
Ég skil (þig) ekki.
jäɣ skil (þiɣ) äʰkki

▸*Wie heißt du?*
Hvað heitir þú?
kwað häitir þu:

▸*Ich heiße ...*
Ég heiti ...
jäɣ häiti ...

Aus Sprachkenntnissen erwachsen bald spannende Gespräche ...

Isländer haben meist keinen Familiennamen, sondern hängen den Namen des Vaters (selten der Mutter) an ihren Vornamen mit dem Zusatz *-son* (Sohn) oder *-dóttir* (Tochter): Jón Helgason = Jón, Helgis Sohn; Anna Egilsdóttir = Anna, Egils Tochter. Das führt auch dazu, dass sie sich fast immer nur mit Vornamen ansprechen und dabei duzen.

▸*Woher kommst du?*
Hvaðan ert þú?
kwaðan ärt þu:

▸*Ich komme aus Deutschland | aus Österreich | aus der Schweiz.*
Ég er frá Þýskalandi | frá Austurríki | frá Sviss.
jäɣ är frau þi:ska·landi | frau Öistür·ri:ki | frau Swiss

▸*Wohin fährst du? Ich fahre nach Island.*
Hvert ertu að fara? Ég fer til Íslands.
kwärt ärtü a fara. jäɣ fär til i:slans

Fragewörter

wann	hvenær	kwänair
warum	af hverju	aw kwärjü
was	hvað	kwað
was für ein/-e	hvaða	kwaða
wem	hverjum	kwärjüm
wen	hvern	kwärdn
wer	hver	kwär
wessen	hvers	kwärs
wie	hvernig	kwärdni
wie lange	hversu lengi	kwärsü läiŋgi
wie viele	hversu margir	kwärsü margir
wo	hvar	kwar
woher	hvaðan	kwaðan
wohin	hvert	kwärt
wozu	til hvers	til kwärs

Kleine, aber nützliche Wörter

aber	en	än
auch	líka	li:ka
immer	alltaf	alltaf
nicht	ekki	ä^{h}kki
nicht mehr	ekki lengur	ä^{h}kki läiŋgür
nichts	ekkert	ä^{h}kkert
noch	ennþá	änn·þau
noch nicht	ekki ennþá	ä^{h}kki änn·þau
nur	bara	bara
oder	eða	äða
und	og	o
vielleicht	kannski	kannski

Die Zahlen

Die isländischen Zahlen sind nicht einfach. Von 1 bis 4 werden sie nach Geschlecht und Fällen flektiert, d.h. es gibt zu jeder Zahl zwölf Formen! Die Grundzahlen ab 5 sind unveränderlich.

0	núll [null]	-	
1	einn *m*, ein *f*, eitt *n* [äidn, äin, äi^{h}tt]	*1.*	fyrsti *m*, fyrsta *f/n* [fisti, fista]
2	tveir *m*, tvær *f*, tvö *n* [twäir, twair, twö]	*2.*	annar *m*, önnur *f*, annað *n* [annar, önnür, annað]
3	þrír *m*, þrjár *f*, þrjú *n* [þri:r, þrjaur, þrju:]	*3.*	þriðji *m*, þriðja *f/n* [þriðji, þriðja]
4	fjórir *m*, fjórar *f*, fjögur *n* [fjourir, fjourar, fjöɣür]	*4.*	fjórði *m*, fjórða *f/n* [fjourði, fjourða]
5	fimm [fimm]	*5.*	fimmti [fimmti]
6	sex [säks]	*6.*	sjötti [sjö^{h}tti]
7	sjö [sjö]	*7.*	sjöundi [sjöündi]
8	átta [au^{h}tta]	*8.*	áttundi [au^{h}ttündi]
9	níu [ni:ü]	*9.*	níundi [ni:ündi]
10	tíu [ti:ü]	*10.*	tíundi [ti:ündi]
11	ellefu [ädlewü]	*11.*	ellefti [ädlefti]
12	tólf [toulf]	*12.*	tólfti [toulti]
13	þrettán [þrä^{h}ttaun]	*13.*	þrettándi [þrä^{h}ttaundi]
14	fjórtán [fjourtaun]	*14.*	fjórtándi [fjourtaundi]
15	fimmtán [fimmtaun]	*15.*	fimmtándi [fimmtaundi]
16	sextán [säkstaun]	*16.*	sextándi [säkstaundi]
17	sautján [söitjaun]	*17.*	sautjándi [söitjaundi]
18	átján [autjaun]	*18.*	átjándi [autjaundi]
19	nítján [ni:tjaun]	*19.*	nítjándi [ni:tjaundi]
20	tuttugu [tü^{h}ttüɣü]	*20.*	tuttugasti [tü^{h}ttüɣasti]

Ab 20 werden die Zahlen ähnlich dem Englischen gebildet, mit *og* 'und' dazwischen. Die Zahlen 21–24, 31–34 etc. werden wiederum nach Geschlecht und Kasus verändert. Bei Ordnungszahlen werden beide Teile flektiert, dt. etwa 'zwanzigster-und-erster'.

21	tuttugu og einn [tü^{h}ttüɣü o äidn]	*21.*	tuttugasti og fyrsti [tü^{h}ttüɣasti o fisti]
22	tuttugu og tveir [tü^{h}ttüɣü o twäir]	*22.*	tuttugasti og annar [tü^{h}ttüɣasti o annar]
30	þrjátíu [þrjau·ti:ü]	*30.*	þrítugasti [þri:·tüɣasti]
40	fjörutíu [fjörü·ti:ü]	*40.*	fertugasti [fär·tüɣasti]
50	fimmtíu [fimm·ti:ü]	*50.*	fimmtugasti [fimm·tüɣasti]
60	sextíu [säks·ti:ü]	*60.*	sextugasti [säks·tüɣasti]
70	sjötíu [sjö·ti:ü]	*70.*	sjötugasti [sjö·tüɣasti]
80	áttatíu [au^{h}tta·ti:ü]	*80.*	áttugasti [au^{h}·tüɣasti]
90	níutíu [ni:ü·ti:ü]	*90.*	nítugasti [ni:·tüɣasti]
100	hundrað [hündrað]	*100.*	hundraðasti [hündraðasti]
101	hundrað og einn	*101.*	hundraðasti og fyrsti
102	hundrað og tveir	*102.*	hundraðasti og annar
110	hundrað og tíu	*110.*	hundraðasti og tíundi
120	hundrað og tuttugu	*120.*	hundraðasti og tuttugasti
200	tvö hundruð [~ hündrüð]	*200.*	tvö hundraðasti
300	þrjú hundruð	*300.*	þrjú hundraðasti
400	fjögur hundruð	*400.*	fjögur hundraðasti
500	fimm hundruð	*500.*	fimm hundraðasti
1000	þúsund *n* [þu:sünd]	*1000.*	þúsundasti [þu:sündasti]
2000	tvö þúsund	*2000.*	tvö þúsundasti

1 Million	ein milljón *f*	[äin milljoun]
2 Millionen	tvær milljónir	[tvair milljounir]
1 Milliarde	einn milljarður *m*	[äidn milljarðür]
2 Milliarden	tveir milljarðar	[twäir milljarðar]

Zeitangaben

In Island sollten Sie Zeit haben. Vor allem, da der Zeitbegriff der Isländer meist ein bisschen – sagen wir: gedehnter ist als unserer. Trotzdem müssen Sie sich überall mit Zeit auseinandersetzen, weshalb wir uns entschlossen haben, dieses bunte Kapitel mit einigen Bemerkungen und Anregungen an den Anfang zu setzen.

Jahreszahlen & Jahrhunderte

Jahreszahlen werden wie im Deutschen einfach Zahl für Zahl zusammengesetzt. 'Jahrhundert' heißt im Isländischen *öld* [öld] und wird mit der Präposition *á* [au] verknüpft.

▸ *Viele Isländersagas entstanden im dreizehnten Jahrhundert.*
Margar Íslendingasögur urðu til á þréttándu öld.
margar i:sländiŋga·söɣür ürðü til au þräʰttaundü öld

▸ *1873 feierte Island den tausendsten Jahrestag der Landnahme.*
1873 fagnaði Ísland þúsundasta minningardag landnámsins.
1873 fagnaði i:sland þu:sündasta minniŋgar·daɣ land·naumsins

▸ *Wir leben im einundzwanzigsten Jahrhundert.*
Við lifum á tuttugustu og fyrstu öld.
wið liwüm au tüʰttüɣüstü o fistü öld

Scheinbar aus der Zeit gefallen: Bustarfell im Nordosten Islands

Jahreszeiten

Die Jahreszeiten haben im Isländischen eine andere Reihenfolge:

Winter	vetur *m*	wätür
Frühling	vor *n*	wor
Sommer	sumar *n*	sümar
Herbst	haust *n*	höist

▸*in diesem (kommenden) Winter | Frühjahr | Sommer | Herbst*
í vetur | vor | sumar | haust
i: wätür | wor | sümar | höist

▸*im Frühjahr 2015 | im Herbst 2016 | im letzten Sommer*
vorið 2015 | haustið 2016 | í fyrrasumar
worið 2015 | höistið 2016 | i: firra·sümar

▸*im Winter | Frühjahr | Sommer | Herbst (immer)*
á veturnar | vorin | sumrin | haustin
i: wätürdnar | worin | sümrin | höistin

▸*an Weihnachten | Ostern | Pfingsten*
á jólunum | páskunum | hvítasunnunni
au joulünüm | pauskünüm | kwí:ta·sünnünni

Monate

Alle Monate sind wie im Deutschen männlich, aber unveränderlich. Denken Sie daran, dass die Betonung auch hier auf der ersten Silbe liegt! Das deutsche 'im' wird mit *í* [i:] wiedergegeben.

Januar	janúar	ja:nuar
Februar	febrúar	fä:bruar
März	mars	mars
April	apríl	a:pril
Mai	maí	ma:i
Juni	júní	ju:ni

Juli	júlí	ju:li
August	ágúst	a:ugust
September	september	säftember
Oktober	október	ochtouber
November	nóvember	nouvember
Dezember	desember	däsember

Tage

Auch alle Tage sind wie im Deutschen männlich. Der Name einiger Tage verweist auf den Sonntag als 1. Tag der Woche: *þriðjudagur* = 3. Tag, *fimmtudagur* = 5. Tag. Samstag ist *laugardagur*, Badetag (*laug* = warme Quelle).

Sonntag	sunnudagur	sünnü·dayür
Montag	mánudagur	maunü·dayür
Dienstag	þriðjudagur	þriðjü·dayür
Mittwoch	miðvikudagur	mið·wikü·dayür
Donnerstag	fimmtudagur	fimmtü·dayür
Freitag	föstudagur	föstü·dayür
Samstag	laugardagur	löiyar·dayür
Feiertag	helgidagur	hälgi·dayür
Werktag	virkur dagur	wirkür dayür
Woche	vika *f*	wika
Wochenende	helgi *f*	hälgi

▸*Geöffnet an Werktagen von 8 bis 22 Uhr (= regelmäßig).*
Opið á virkum dögum frá kl. átta til tuttugu og tvö.
o:pið au wirküm döyüm frau klü^{h}kkan au^{h}tta til tü^{h}ttüyü o twö

... am Samstag / am letzten Samstag (= ein bestimmter).
... á laugardaginn (kemur) / á laugardaginn (var).
... au löiyar·daijinn (kjämür) / au löiyar·daijinn (war)

... einmal / zweimal / dreimal / die Woche.
... einu sinni | tvisvar | þrisvar | í viku.
... äinü sinni | twiswar | þriswar | i: wikü

... einmal am Tag / im Monat / im Jahr.
... einu sinni á dag | í mánuði | á ári.
... äinü sinni au daɣ | i: maunüði | au auri

... am Wochenende (= ein bestimmtes) / ~ (= regelmäßig)
... um helgina | um helgar
... üm hälgina | üm hälgar

Island hat die gleichen Feiertage wie Deutschland:

Karfreitag	föstudagurinn langi	föstü·daɣürinn lauŋgi
Ostern	páskar *m/pl*	pauskar
Ostersonntag	páskadagur	pauska·daɣür
Himmelfahrt	uppstigningardagur	ü^{h}pp·stigniŋgar·daɣür
Pfingsten	hvítasunna	kwi:ta·sünna
Heiligabend (Tag)	aðfangadagur	að·fauŋga·daɣür
Heiligabend (Abend)	aðfangadagskvöld	að·fauŋga·kwöld
1. Weihnachtstag	jóladagur	joula·daɣür
2. Weihnachtstag	annar í jólum	annar i: joulüm
Neujahr	nýár	ni·aur
Silvester	gamlársdagur	gaml·aurs·daɣür

Hinzu kommen vier zusätzliche Feiertage:

skírdagurinn [ski:r·daɣürinn]
Gründonnerstag

sumardagurinn fyrsti [sümar·daɣürinn fisti]
1. Sommertag = 1. Donnerstag nach dem 18. April

þjóðhátíðardagurinn [þjouð·hau·ti:ðar·daɣürinn]
Nationalfeiertag = 17. Juni

verslunarmannahelgin [wärslünar·manna·hälgin]
Handelswochenende = 1. Wochenende plus Montag im August

Datum

Beim Datum stehen die Zahlen in den männlichen Formen, weil die Monate männlich sind (s.o.). Das deutsche 'am' ('am 2. Juni') fällt im Isländischen weg und die Zeitangabe steht im Akkusativ.

▸*Welches Datum haben wir heute?*
Hvaða mánaðardagur er í dag?
kwaða maunaðar·dayür är i: day

▸*Heute ist Mittwoch, der 1. | 2. Juni.*
Í dag er miðvikudagur fyrsti | annar júní.
i: day är mið·wikü·dayür fisti | annar ju:ni

▸*Heute ist Donnerstag, der 3. | 4. September.*
Í dag er fimmtudagur þriðji | fjórði september.
i: day är fimmtü·dayür þriðji | fjourði säftember

▸*Ich fahre am Freitag, 30. Mai, nach Deutschland, und du?*
Ég fer til Þýskalands föstudaginn þrítugasta maí, en þú?
jäy fär til Þi:ska·lans föstü·daijinn þri:tüyasta ma:i, än þu:

▸*Am Sonntag, dem 6. November, oder am Montag, dem 7.*
Sunnudaginn sjötta nóvember eða mánudaginn sjöunda.
sünnü·dayinn sjö^{h}tta nouvember äða maunü·daijinn sjöünda.

▸*Ich habe am 14. April Geburtstag, und du? Am 11. August.*
Ég á afmæli fjórtánda apríl, en þú? Ellefta ágúst.
jäy au a:·maili fjour·taunda a:pril, än þu:. ädlefta a:ugust

Tageszeiten

heute	í dag	i: day
heute Morgen	í morgun	i: morgün
heute Vormittag	fyrir hádegi	firir hau·däiji
heute Nachmittag	síðdegis	si:ð·däijis
heute Abend	í kvöld	i: kwöld
heute Nacht	í nótt	i: nouhtt

gestern	í gær	i: gair
gestern Morgen	í gærmorgun	i: gair·morgün
gestern Vormittag	snemma í gær	snämma i: gair
gestern Nachmittag	síðdegis í gær	si:ð·däijis i: gair
gestern Abend	í gærkvöldi	i: gair·kwöldi
vorgestern	í fyrradag	i: firra·daɣ
morgen	á morgun	au morgün
morgen früh	í fyrramálið	i: firra·maulið
morgen Nachmittag	síðdegis á morgun	si:ð·däijis au morgün
morgen Abend	annað kvöld	annað kwöld
übermorgen	ekki a morgun heldur hinn	ä^{h}kki au morgün häldür hin
tagsüber	á daginn	au daijinn
morgens	á morgnana	au mornana
vormittags	fyrir hádegið	firir hau·däijið
mittags	um hádegið	üm hau·däijið
nachmittags	eftir hádegið	äftir hau·däijið
abends	um kvöldið; á kvöldin	üm kwöldið au kwöldin
nachts	á nóttunni; á næturnar	á nou^{h}ttünni; au naitüdnar

Uhrzeit

Wie im Deutschen: In der gesprochenen Sprache gilt das 12-Stunden-System, in offiziellen Zeitangaben (Fahrpläne etc.) das 24-Stunden-System. Die Zahlen von 1 bis 4 stehen in der sächlichen Form (siehe S. 33). Die Uhren müssen in Island beim Besuch im Winter um eine Stunde zurückgestellt werden, im Sommer sogar zwei Stunden, weil die Sommerzeit abgeschafft wurde. Das Wort für die Uhr, *klukkan*, wird oft mit *kl.* abgekürzt.

▸ *Wie spät ist es? Es ist ein | zwei | drei | vier Uhr.*
Hvað er klukkan? Klukkan er eitt | tvö | þrjú | fjögur.
kwað är klü^{h}kkan? Klü^{h}kkan är äi^{h}tt | twö | þrju: | fjöɣür

▸ *Es ist Viertel nach drei | 15.15 Uhr.*
Klukkan er korter yfir þrjú | fimmtán fimmtán.
klü^{h}kkan är korter ifir þrju: | fimmtaun fimmtaun

▸ *Es ist halb vier | 15.30 Uhr.*
Klukkan er hálf fjögur | fimmtán þrjátíu.
klü^{h}kkan är haulf fjöɣür | fimmtaun þrjau·ti:ü

▸ *Es ist Viertel vor neun.*
Klukkuna vantar korter í níu.
klü^{h}kküna wantar korter i: ni:ü

▸ *Es ist 8.45 Uhr.*
Klukkan er átta fjörutíu og fimm.
klü^{h}kkan är au^{h}tta fjörü·ti:ü o fimm

▸ *Es ist zwanzig vor neun.*
Klukkuna vantar tuttugu mínútur í níu.
klü^{h}kküna wantar tü^{h}ttüɣü mi:nutür i: ni:ü

▸ *Es ist 8.40 Uhr.*
Klukkan er átta fjörutíu.
klü^{h}kkan är au^{h}tta fjörü·ti:ü

▸ *Wann treffen wir uns? Um wie viel Uhr? Um sieben?*
Hvenær hittumst við? Klukkan hvað? Klukkan sjö?
kwänair hi^{h}ttümst wið. klu^{h}kkan kwað. klu^{h}kkan sjö

▸ *Ich war bis acht Uhr in einer Bar.*
Ég var á bar til klukkan átta.
jäɣ war au bar til klü^{h}kkan au^{h}tta

▸ *Wann geht der Bus nach Reykjavík?*
Hvenær fer rútan til Reykjavíkur?
kwänair fär ru:tan til Räikja·wi:kür

▸ *Er fährt täglich um sechs Uhr.*
Hún fer daglega klukkan sex.
hu:n fär daɣläɣa klü^{h}kkan säks

Auf einen Blick

Ausführliche Informationen zu einzelnen Themen finden Sie in den folgenden Kapiteln; hier haben wir für den schnellen Zugriff einige grundlegende Informationen knapp zusammengefasst.

Alkohol Verkauf ab 20 Jahren; nur in lizensierten Bars, Restaurants und in *Vínbúðin*, den staatlichen Monopolläden der Firma *ÁTVR*. Im Restaurant kostet ein Bier bzw. ein Glas Wein derzeit durchschnittlich zwischen 8 und 11 Euro, Spezialitäten deutlich mehr; vielfach aber günstigere Happy-Hour-Preise.

Autofahren Gültiger nationaler Führerschein. Allgemeine Sicherheitshinweise unter **safetravel.is** oder beim Rettungsdienst *ICE-SAR* (**icesar.com**); am besten dort die beabsichtigte Reise- oder Wanderroute hinterlegen. Informationen zur Befahrbarkeit öffentlicher Straßen sowie zum Wetter unter **vegagerdin.is**, **road.is** oder **vedur.is**. Strafen von ca. 35 bis 1.100 Euro und Führerscheinentzug für Überschreiten der Höchstgeschwindigkeit; wird an Ort und Stelle kassiert. Gurtpflicht. Alkohol 0,5 Promille. Kein Benzinreservekanister bei Einfuhr des eigenen Autos. Bei Leihwagen empfiehlt sich eine Zusatzversicherung gegen Steinschlag oder Vollkasko.

Diplomatische Vertretungen Deutsche Botschaft, Laufásvegur 31, 101 Reykjavik. Österreichisches Generalkonsulat, Orrahólar 5, 111 Reykjavík. Schweizerisches Generalkonsulat, Laugavegur 13, 101 Reykjavík.

Einreise Reisepass oder Personalausweis für EU-Bürger. Seit 2017 müssen laut Gesetz alle Ausländer (ausgenommen Skandinavier) zu jeder Zeit ihren Ausweis/Pass im Land mit sich führen.

Einfuhrbestimmungen 200 Zigaretten oder 250 g andere Tabakwaren (ab 18); 1 l Spirituosen oder 3 l Wein oder 6 l Bier (ab 20); 3 kg Lebensmittel, aber keine Frischwaren wie Eier, rohes Fleisch und Fleischprodukte, Käse. Näheres z.B. auf der Seite des Flughafens Keflavík (**kefairport.is**) und bei der isländischen Botschaft in Berlin unter **infoberlin@mfa.is**.

Geldumtausch & Kreditkarten Mastercard und Visa werden im ganzen Land akzeptiert. Mit der EC-Karte kann man an vielen Automaten (*hraðbanki*) Geld abheben (üblicherweise günstiger als Umtausch). Kreditkarten erfordern beim Geldabheben, Tanken oder Bezahlen oft, aber nicht immer, eine PIN; informieren Sie sich rechtzeitig bei Ihrer Bank über jeweilige Bestimmungen.

Internet & Telefon Landesvorwahl +354. Telefonnummern sind siebenstellig. Am Flughafen Keflavík und im Einkaufszentrum *Kringlan* kann man Prepaid-SIM-Karten für Mobiltelefone kaufen. Infos zu Tarifen und Netzen z.B. unter **siminn.is** und **vodafone.is**. Viele Restaurants, Bars und öffentliche Einrichtungen bieten kostenloses WLAN.

Klima Subarktisches Meeresklima mit kühlen Sommern, eher milden Wintern und vielen Niederschlägen; oft starker Wind bis Orkan. Mittlere Januartemperatur 2,4°C, mittlere Julitemperatur 11,8°C (Reykjavík).

Krankenversicherung Generell gilt die Europäische Krankenversicherung (EHIC), in Deutschland auf der Rückseite der Versicherungskarte aufgedruckt. Der Abschluss einer Reisekrankenversicherung wird empfohlen, da EHIC z.B. keinen Krankenrücktransport abdeckt.

Land Ísland (Eisland), Sprache Isländisch. Fläche 103.000 km^2. Einwohner ca. 340.000 (3 Einwohner pro km^2; Anfang 2017). Hauptstadt Reykjavík. Mitgliedschaft u.a. in UN, IWF, UNESCO, OECD, NATO, Europarat, OSZE, EFTA, Europäischer Wirtschaftsraum EWR; keine EU-Mitgliedschaft. Religion: Evangelisch-Lutherische Staatskirche.

Medien Rundfunk: staatliche Rundfunkanstalt mit zwei Rundfunksendern, 14 Privatsender. Fernsehen: ein staatlicher Fernsehsender, mehrere Privatsender. Tageszeitungen (auch online) u.a. *Morgunblaðið*, *Fréttablaðið*, *Fréttatíminn*, *Dagblaðið Vísir*. Neuigkeiten auf Englisch bieten u.a. *The Reykjavík Grapevine* (**grapevine.is**) oder der *Iceland Monitor* (**icelandmonitor.mbl.is**), auf Deutsch z.B. *Iceland Review Online* (**icelandreview.com/de**).

Notruf 112

Öffnungszeiten Unterschiedlich; öffentliche Gebäude teilweise kürzer als in Deutschland (aber normalerweise bis 16 Uhr); manche Supermärkte (z.B. Hagkaup) haben 24 Stunden geöffnet.

Politik Unabhängigkeit: 1918 Königreich Island (Dänischer König in Personalunion). Nationalfeiertag: 17. Juni (Gründungstag der Republik Island 17.06.1944). Regierungsform: Republik, parlamentarische Demokratie. Parlament: *Alþingi*. Regierungsparteien (2017): Koalition aus *Sjálfstæðisflokkurinn* (Unabhängigkeitspartei) sowie den liberalen Parteien *Viðreisn* (Reformpartei) und *Björt framtíð* (Strahlende Zukunft). Präsident: Guðni Th. Jóhannesson; Premierminister: Bjarni Benediktsson.

Strom 220V, 50Hz Wechselspannung. Europäische Stecker.

Tiere Einfuhr nur mit schriftlicher Genehmigung des isländischen Landwirtschaftsministeriums. Vierwöchige Quarantäne von Haustieren bei der Einreise. Angelausrüstungen und Reitbekleidung können nur behördlich desinfiziert, Sättel und Zaumzeug nur unbenutzt und originalverpackt eingeführt werden.

Währung Isländische Krone (*króna*; ISK). Münzen zu 100, 50, 10, 5 und 1 ÍSK, Banknoten zu 10.000, 5.000, 1.000 und 500 ISK. Tipp: Kleine Münzen kann man gut im Bus für den Ticketkauf verwenden.

Zeit *Greenwich Mean Time* (GMT), d.h. eine Stunde gegenüber mitteleuropäischer Zeit zurückstellen, im Sommer zwei Stunden. Island hat die Sommerzeit wieder abgeschafft.

Zoll Siehe auch unter "Einfuhrbestimmungen". Zollkontrolle ist möglich, Ehrlichkeit natürlich empfohlen. Fahrzeuge können ein Jahr lang zollfrei eingeführt werden. Aktuelle Informationen auf der Seite des Auswärtigen Amtes unter **auswaertiges-amt.de/DE/Laenderinformationen/00-SiHi/IslandSicherheit.html** und beim isländischen Zoll: **tollur.is/english**.

Sicher bei Wind & Wetter

Wichtiges zum Wetter 46

Richtiges Verhalten in der Natur 50

Wichtiges zum Wetter

Bei allen Aktivitäten in Island spielt das Wetter eine zentrale Rolle und wir stellen einige Hinweise daher gleich an den Anfang; werfen Sie auch einen Blick ins Kapitel "Durchs Land fahren" ab S. 115. Island ist nicht so kalt, wie es der Name vermuten lässt. Zwar liegt es knapp unterhalb des Polarkreises, aber der warme Golfstrom sorgt für vergleichsweise milde, wenn auch oft lange, Winter. Von Dezember bis Februar liegt die Durchschnittstemperatur nur knapp unter 0°C. Der Sommer, also Juni bis August, ist kurz und mit Temperaturen bis 20°C nicht sehr warm. Durch die reine Luft und die reflektierenden Schnee- und Eisflächen (in Höhenlagen teils das ganze Jahr hindurch) hat die Sonne aber viel Kraft; guter **Sonnenschutz** ist Pflicht!

Die traditionelle Reisezeit ist Anfang Juni bis Ende August, obwohl Reiseveranstalter mittlerweile das ganze Jahr schmackhaft machen. In diesen Monaten trifft man zahlreiche Touristen, vor allem in Reykjavík; die Isländer fahren dann gerne selbst ins Ausland. Noch immer stellen manche Fluglinien ihre Flüge nach Island Anfang September ein, aber immer mehr Veranstalter bieten die Insel auch als Winterreiseziel an; *Icelandair* ist übrigens erfahrungsgemäß diejenige Fluglinie, die den internationalen Flugverkehr bei schlechtem Wetter am längsten aufrechterhält.

Zu allen Zeiten ist adäquate Kleidung angebracht, **Sicherheitsanweisungen sind immer zu beachten**. Die steigende Zahl an leichtsinnigen Touristen führt zur Überlastung des isländischen Rettungsdiensts (*Slysavarnafélagið Landsbjörg*), der keine staatliche Förderung erhält, sondern sich u.a. durch den Verkauf von Schlüsselanhängern und Feuerwerkskörpern finanzieren muss.

Mitte Juni bis in den August hinein sind auch die Monate der Mitternachtssonne, in denen man nachts keine Lampe zum Lesen braucht. Wenn die Dunkelheit zunimmt und es ab November schließlich noch maximal fünf Stunden am Tag hell ist, kann man verstärkt die berühmten **Nordlichter** sehen, den ganzen dunklen Winter über. Auf die Mitternachtssonne freut man sich dann ab

Sumardagurinn fyrsti, dem ersten Sommertag, der als offizieller Feiertag begangen wird. Es ist immer der dritte Donnerstag im April – ein Fest nach der langen Dunkelheit.

Trotz recht milder Temperaturen darf man nicht vergessen, dass Island eine schroffe Vulkaninsel im nördlichen Atlantik ist und die dortigen Wetterbedingungen denen in Mitteleuropa in keiner Weise vergleichbar sind. Wer in Island unterwegs ist, zu Fuß oder auf Rädern, muss sich also im Voraus und in sehr regelmäßigen Abständen über das Wetter informieren. Die Wettervorhersage (*veðurspá*) erhält man vielerorts. Telefonisch stets zu erreichen unter der Nummer 1778 ist eine englischsprachige Wege- und Wetterauskunft. Die offizielle Wetterseite von *Veðurstofa Íslands* (Meteorologisches Institut), **vedur.is**, ist ebenfalls auf Englisch abrufbar: Hier gibt es sehr detaillierte Auskunft zu Temperaturen (*hitaspá*), Niederschlag (*úrkomuspá*) und, besonders wichtig, Wind (*vindaspá*). Im Winter 2015/16 wurden im Osten Islands Windgeschwindigkeiten von 250 km/h gemessen!

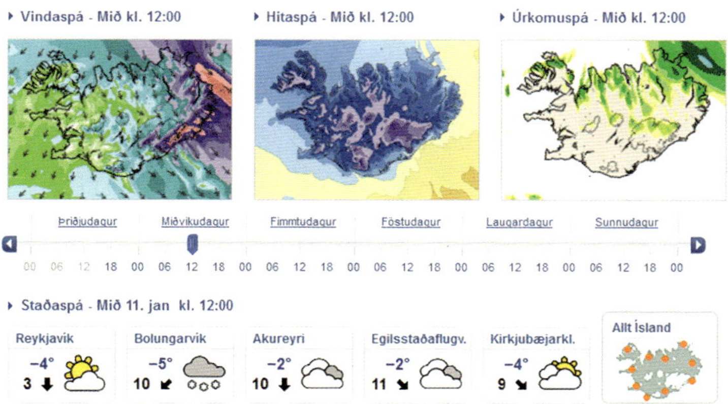

Die Webseite vedur.is versammelt übersichtlich eine Vielzahl an aktuellen Wetterprognosen für das ganze Land. Auch Unwetterwarnungen werden hier angezeigt, die immer ernstzunehmen sind.

Wichtige Hinweise zum Wetter

Wetterlage (veðurlýsing)

breytilegt	*veränderlich*	bräiti·lecht
hægviðri	*ruhiges Wetter*	haiɣ·wiðri
úrkomulítið	*beständig*	u:r·komü·li:tið
þokuloft	*Nebelsuppe*	þokü·loft
þungbúið	*trübe Aussichten*	þung·bu:ið
þurrviðri	*trockenes Wetter*	þürr·wiðri

Bewölkung (skýjafar)

(al)skýjað	*(ganz) bewölkt*	(al)ski:jað
bjart með köflum	*teils freundlich*	bjart mä köblüm
bjartviðri	*klares Wetter*	bjart·wiðri
heiðskírt	*wolkenlos*	häið·ski:rt
léttir til	*es klart auf*	ljä^{h}ttir til
léttskýjað	*leicht bewölkt*	ljä^{h}tt·ski:jað
þykknar (upp)	*es bewölkt sich*	þi^{h}kknar (ü^{h}pp)

Niederschlag (úrkoma)

él	*Schneeschauer*	jäl
éljagangur	*Graupelschauer*	jälja·gauŋgür
haglél	*Hagel*	hagl·jäl
lítilsháttar rigning	*leichter Regen*	li:tils·hau^{h}ttar rigniŋg
mistur	*Dunst*	mistür
rigning	*(langer) Regen*	rig·niŋg
skúraveður	*Schauerwetter*	sku:ra·wäðür
skúrir	*Regenschauer*	sku:rir
slydda	*Schneeregen*	slidda

snjókoma	*Schneefall*	snjou·koma
súld	*Nieselregen*	su:ld
úrkoma	*Niederschlag*	u:r·koma
úrkomulaust	*niederschlagsfrei*	u:r·komü·löist

Temperatur (hitastig)

heitt	*heiß*	häi^{h}tt
hiti 5 til 9 stig	*5 bis 9 Grad*	hiti fimm til ni:ü stiɣ
hlýnar	*es wird wärmer*	hli:nar
kólnar	*es kühlt sich ab*	koulnar
kringum frostmark	*um den Gefrierpunkt*	kriŋgum frost·mark
svalur	*kühl*	svalür

Wind (vindur)

gola	*Wind, Stärke 3*	gola
kaldi	*Wind, Stärke 4–5*	kaldi
stinningskaldi	*Wind, Stärke 6*	stinniŋgs·kaldi
hvassviðri	*Wind, Stärke 8*	kwass·wiðri
rok	*Wind, Stärke 9*	rok
stormur	*Wind, Stärke 10*	stormür
ofsaveður	*Wind, Stärke 12*	ofsa·wäðür
hvass(ast)	*(sehr) windig*	kwass(ast)
hvessir	*Wind nimmt zu*	kwässir
logn	*Windstille*	log
lægir	*Wind flaut ab*	laijir
austanátt	*Ostwind*	öistan·au^{h}tt
norðanátt	*Nordwind*	norðan·au^{h}tt
sunnanátt	*Südwind*	sünnan·au^{h}tt
vestanátt	*Westwind*	wästan·au^{h}tt

Auch mitten im August kann es tagsüber stockdunkel werden ...

Wenn Sie mit dem Wetter unzufrieden sind: einfach abwarten, es ändert sich meist schnell! Der isländische Sommer gleicht unserem sprichwörtlichen **Aprilwetter**: Temperaturen zwischen 8 und 20°C, Windstille und Sonne, stürmischer Regen ... Dafür wird man regelmäßig mit spektakulären Wolkenformationen und prächtigen Regenbögen belohnt!

Zu jeder Jahreszeit ist eine regen- und winddichte Jacke unentbehrlich, aber auch das T-Shirt darf nicht fehlen: 15°C in Island fühlen sich oft wärmer an als auf dem Kontinent. Wetterfeste Markenkleidung wird in zahllosen Geschäften in Reykjavík verkauft, teils zu astronomischen Preisen; es lohnt sich, im Vorfeld online Preise zu vergleichen oder gleich den Bus in eines der Gewerbegebiete mit Outletshops zu nehmen.

Richtiges Verhalten in der Natur

Island bietet jede Menge Natur, und wenn auch man in Reykjavík viel unternehmen und es sich gutgehen lassen kann, so kommen viele Touristen doch nach wie vor wegen dieser Natur auf die Insel; 2009 waren das etwa 250.000 Personen, 2016 waren es rund 1,8 Millionen, Tendenz weiter steigend. Mit diesem enormen Anwachsen der Touristenzahl in wenigen Jahren geht natürlich eine gesteigerte Verantwortung für den Einzelnen einher!

Trotz anhaltender Warnungen durch isländische Behörden, isländische Privatleute oder auch erfahrene Islandreisende unterschätzen viele Touristen, die zum ersten Mal nach Island kommen, das Land. Zum Wetter haben wir bereits etwas gesagt. Gerade der Wind, oft Sturm, ist aber nicht nur lästig, wenn er plötzlich Regen, Schnee oder Hagel aus jeder Himmelsrichtung heranschießen lässt. Er wirbelt gerade im Winter auch den frischen **Schnee** auf, der die Landschaft mit allen Orientierungsmarken schlagartig verschwinden lässt, Scheinwerferlicht grell reflektiert und ein sicheres Vorankommen nahezu unmöglich macht. In dieser Situation gilt: Beim Auto bleiben, auf keinen Fall zu Fuß ins Nirgendwo aufbrechen, auch wenn Sie noch so sicher sind, dass der nächste Bauernhof 'ums Eck' ist. Der Wind peitscht aber auch das Meer in Ufernähe auf – vergessen Sie nicht, dass Island von einem Weltmeer umschlossen ist! Verbotsschilder an Stränden (besonders im Süden Islands) sollten dringendst ernstgenommen werden – ein Versäumnis ist potenziell tödlich, auch wenn das letzte Selfie beeindruckend sein mag. Die **Wellen** sind nicht nur viel schneller als Sie, sie treffen auch mit knochenbrechender Wucht auf Fels, Strand und Mensch. Schwimmen oder Tauchen außerhalb explizit ausgewiesener Stellen ist natürlich auch nicht empfohlen.

Am 9. Januar 2017 ertrank eine deutsche Touristin, nachdem sie im Süden Islands von einer Welle ins Meer gerissen worden war (Info: icelandmag.visir.is).

Am 10. Oktober 2016 erlitt ein Tourist schwere Verbrennungen beim Sturz in eine heiße Quelle (Info: icelandreview.com).

Auch im Landesinneren gilt es, Sicherheitsvorschriften (geschriebene und ungeschriebene) zu beachten – zu Ihrem Schutz und dem der Natur. Es versteht sich von selbst, dass sportliche Aktivitäten wie Mountainbiking, Snowboarding oder Klettern in den scharfkantigen Lavamassen Islands mit einem hohen Risiko verbunden sind. Regelmäßig kommen zudem Taucher in vermeintlich harmlosen Binnengewässern ums Leben, zuletzt im Februar 2017. Gefährlich können auch geruhsame Aktivitäten wie das beliebte Sightseeing der **heißen Quellen** sein: Heiß bedeutet nicht warm, sondern eben heiß – Baden, Hand- oder Fußeintauchen etc. nicht empfohlen! *Hætta* bedeutet Gefahr! Und auch wenn **Esja** nur rund 900 Meter hoch ist und als Hausberg der Hauptstadt gilt, so ist sie gerade im Winter nicht zu unterschätzen – 900 Meter Höhe knapp unterhalb des Polarkreises sind nicht 900 Meter in den mitteleuropäischen Alpen! Generell sollten Sie nicht allein außerhab der Stadt unterwegs sein und bei längeren Touren Ihre geplante **Route hinterlegen** (**safetravel.is**).

Doch auch wenn Ihnen keine Gefahr droht, sollten Sie Hinweise ernstnehmen. Denn wo Hunderttausende von Füßen laufen, da wächst bald kein Gras mehr. Verstärkt wurde in den letzten Jahren eine Touristengebühr diskutiert, mit der Parkranger bezahlt werden sollen, die das Einhalten von **Landschafts- und Naturschutzregeln** überwachen. Doch bietet Island, das werden Sie in den folgenden Kapiteln erkennen, auch dann viel Abenteuer und Erlebnis, wenn man kein unnötiges Risiko eingeht und die Insel mit ihrer Flora und Fauna auch für kommende Generationen erhält.

Anreise & Ankunft

Anreise & Einreise 54

Ankunft in Keflavík 58

Geldumtausch 59

Flughafentransfer 60

Anreise & Einreise

Am einfachsten kommen Sie per Flugzeug nach Island, d.h. zum Flughafen in *Keflavík*. Das ganze Jahr über gibt es regelmäßigen Flugverkehr, allerdings fliegen einige Linien nur von Mai bis September. *Icelandair* und *WOW Air* sind die beiden einzigen isländischen Fluglinien, und nur hier wird an Bord Isländisch gesprochen – allerdings auch Englisch und meist sogar Deutsch. Die Einreise ist mit **Personalausweis oder Reisepass** möglich. Bis zu einem Aufenthalt von 90 Tagen ist für EU-Bürger und Schweizer kein Visum erforderlich (siehe auch das Kapitel "Auf einen Blick" ab S. 42).

Wortliste Fliegen

Abflug	brottfarir *f/pl*	bro^{h}tt·farir
Ankunft	komur *f/pl*	komür
bestätigt	staðfest	stað·fäst
Bestätigung	staðfesting *f*	stað·fästiŋg
Boarding	hlið opið	chlið opið
Boarding Ende	hliðið lokað	chliði lokað
Boardingkarte	brottfararspjald	bro^{h}tt·farar·spjald
Behinderte (pl)	fatlaðir farþegar *m/pl*	fa^{h}tlaðir far·þäɣar
buchen	bóka	bouka
Charterflug	leiguflug *n*	läiɣü·flüɣ
Check-in	innritun *f*	inn·ritün
einchecken	innrita (sig)	inn·rita (siɣ)
Flug	flug *n*	flüɣ

Flugbegleiter	flugþjónn *m*	flüɣ·þjoudn
Flugbegleiterin	flugfreyja *f*	flüɣ·fräija
Flughafen	flugstöð *f*	flüɣ·stöð
Fluglinie	flugfélag *n*	flüɣ·fjälaɣ
Flugpassagiere	flugfarþegar *m/pl*	flüɣ·far·þäɣar
Flugplatz	flugvöllur *m*	flüɣ·wödlür
Flugticket	flug|seðill, -miði *m*	flüɣ·säðidl, -miði
Flugzeug	flugvél *f*	flüɣ·wjäl
gelandet	lent	länt
Gepäck	farangur *m*	farauŋgür
gestartet	farin	farin
Handgepäck	handfarangur *m*	hand·farauŋgür
Info-Schalter	upplýsingaborð *n*	ü^{h}pp·lisiŋga·borð
Inlandflug	innanlandsflug *n*	innan·lans·flüɣ
Koffer	ferðataska *f*	färða·taska
körperbehindert	hreyfihamlaður	hräiwi·hamlaðür
Landung	lending *f*	länding
letzter Aufruf	lokaútkall *n*	loka·u:tkadl
Linienflug	áætlunarflug *n*	au·ai^{h}tlünar·flüɣ
Notausgang	neyðarútgangur *m*	näiðar·u:t·gauŋgür
Passkontrolle	vegabréfaskoðun *f*	wäɣa·brjä:wa·skoðün
planmäßige Ankunft	áætluð koma *f*	au·ai^{h}tlüð koma
pünktlich	á áætlun	au au·ai^{h}tlün
Reisetasche	taska *f*	taska
Rollstuhl	hjólastóll *m*	chjoula·stoudl
Rucksack	bakpoki *m*	bak·poki
Rückflug	flug tilbaka *n*	flüɣ til·baka
Zwischenlandung	millilending *f*	midli·ländiŋg
Zoll	tollur *m*	todlür

Anreise per Schiff

Die Reise nach Island per Schiff ist ein Erlebnis, das auch viele Isländer nie unternommen haben – zu lange und vor allem zu teuer ist es meistens, zumal vom europäischen Festland aus. Wollen Sie Ihr eigenes Fahrzeug mitbringen, bleibt Ihnen andererseits keine Alternative; der Aufwand lohnt sich allerdings nur bei längeren Aufenthalten.

Die bekannteste **Fährlinie** ist *Smyril Line* (**smyrilline.de**), auf der Sie alles vom Motorrad bis zum Wohnmobil von Nord-Dänemark nach Ostisland transportieren können. 2017 kostet der einfache Transport eines PKWs mit zwei Personen je nach Saison zwischen 430 und 760 Euro, dazu kommen Unterkunftspreise von 150 bis 600 Euro für die Doppelkabine. Für die Rückfahrt gelten die gleichen Bedingungen. Auch bei Reisen ohne Fahrzeug wird eine Pauschale zwischen 150 und 200 Euro zusätzlich zu den Kabinenkosten fällig, für Kinder allerdings ermäßigt.

Blick vom Schiff auf die Ostfjorde

Falls Sie trotz der stattlichen Preise Gefallen am 'Meerblick' auf Island gefunden haben (es ist beeindruckend!), dann wäre vielleicht sogar eine mehrtägige **Inselumrundung per Schiff** etwas für Sie. Informieren Sie sich online rechtzeitig über Anbieter, Preise und verfügbare Plätze (z.B. unter **icelandprocruises.com**).

Reisen mit Air Iceland Connect

Air Iceland Connect (bis Anfang 2017 *Flugfélag Íslands*, **airiceland.is**), eine Tochtergesellschaft von *Iceland Air*, ist der Betreiber der größten **Inlandsfluglinie** auf Island, die zahlreiche größere und kleinere Orte verbindet. Flieger gehen mittlerweile aber auch auf die Färöer Inseln, nach Grönland sowie Irland und Schottland, wobei vor allem Flüge nach Grönland meist sehr teuer sind. Innerhalb von Island stellen die kleinen Propellermaschinen von *Air Iceland* (vor allem bei gutem Wetter) aber eine gute Alternative zu Überlandbussen dar (siehe S. 72), bei recht attraktiven Preisen. Größere Gepäckstücke müssen aufgegeben werden, es entfällt bei Inlandsflügen aber die Sicherheitskontrolle, was das Reisen mit Handgepäck (bis 6 kg) deutlich erleichert.

Terminal von Air Iceland Connect in Reykjavík

2016 nutzten rund 300.000 Personen *Air Iceland* von Reykjavík aus; Anfang 2017 wurden entsprechende Pläne vorgelegt, den Flughafen zu erweitern – während noch 2015 im Gespräch war, den Inlandsflughafen zugunsten einer Schnellzugverbindung nach Keflavík stillzulegen. Es bleibt abzuwarten, ob und wann *Air Iceland Connect* auch (wieder) Flughäfen auf dem europäischen Festland ansteuert.

Ankunft in Keflavík

▸*Wo ist der Informationsschalter?*
Hvar er upplýsingaborðið?
kwar är ü^{h}pp·lisinga·borðið

▸*Wo ist die Passkontrolle?*
Hvar er vegabréfaskoðun?
kwar är wäɣa·brjä:wa·skoðün

▸*Zeigen Sie bitte Ihren Pass.*
Gerðu svo vel að sýna vegabréfið.
gjärðü swo väl a si:na wäɣa·brjä:wið

Internationales Keflavík: Hinweise auch auf Englisch

▸*Haben Sie etwas zu verzollen?*
Ertu með tollskyldan varning?
ärtü með todl·skildan wardniŋg

▸*Sind diese Waren zollfrei?*
Eru þessar vörur tollfrjálsar?
ärü þässar wörür todl·frjaulsar

▸*Wo gibt es zollfreie Waren?*
Hvar get ég keypt tollfrjálsar vörur?
kwar gjät jäɣ käift todl·frjaulsar wörür

▸*Wo bekomme ich mein Gepäck?*
Hvar næ ég í farangurinn minn?
kwar nai jäɣ i: farauŋgürinn minn

▸*Kommt das Gepäck aus ... auf diesem Gepäckband?*
Kemur farangurinn frá ... á þetta band?
kjämür farauŋgürinn frau ... au þä^{h}tta band

▸*Mein Gepäck ist nicht mitgekommen.*
Farangurinn minn kom ekki með.
farauŋgürinn minn kom ä^{h}kki mä

▸*Mein Gepäck | mein Zelt ist beschädigt.*
Það er búið að skemma farangurinn minn | tjaldið mitt.
það är bu:ið a skämma farauŋgürinn minn | tjaldið mi^{h}tt

▸ *Wo fährt der Flybus (Flughafenbus) ab?*
Hvaðan fer Flybus (flugrútan)?
kwaðan fär flai·büss | flüɣ·ru:tan

▸ *Wo bekomme ich ein Taxi?*
Hvar get ég náð í leigubíl | taxi?
kwar gjät jäɣ nauð i: läiɣü·bi:l | taksi

▸ *Wo kann ich meinen Mietwagen abholen?*
Hvar get ég náð í bílaleigubílinn minn?
kwar gjät jäɣ nauð i: bi:la·läiɣü·bi:linn minn

Geldumtausch

Wir empfehlen, Geld erst vor Ort abzuheben, da der Kurs in Island meist besser ist. Bankautomaten stehen für EC- und Kreditkarten zur Verfügung, verlangen aber eine Gebühr von einigen Euro. Beim Umtausch von Bargeld ist der Sortenkurs immer ungünstiger als der Devisenkurs. Wenn Sie am Flughafen Keflavík ankommen, empfiehlt es sich, direkt dort an einem Automaten isländische Kronen für die weitere Fahrt abzuheben. Geldautomaten sind auch in kleineren Ortschaften meist vorhanden.

▸ *Wo ist hier ein Geldautomat?*
Hvar er hraðbanki?
kwar är hrað·bauŋki

▸ *Wo kann ich Geld wechseln?*
Hvar get ég skipt peningum?
kwar gjät jäɣ skift pä:niŋgüm

▸ *Ich möchte 100 Euro wechseln.*
Ég ætla að skipta hundrað evrum.
jäɣ ai^{h}tla a skifta hündrað äwrüm

Hraðbanki, die 'Schnellbank'

Wortliste Geld

Geld abheben	taka út peninga	taka u:t pä:niŋga
Betrag	upphæð *f*	ü^h^pp·haið
(be)zahlen	borga; greiða	borga; gräiða
Duty-Free-Shop	fríhöfn *f*	fri:·höbn
Euro	evra *f*, evrur *f/pl*	äwra, äwrür
Formular	eyðublað *n*	äiðü·blað
Franken	frankar *m/pl*	frauŋkar
Geldautomat	hraðbanki	hrað·bauŋki
isl. Kronen, ISK	íslenskar krónur *f/pl*	i:slänskar krounür
Kreditkarte	kreditkort *n*	krädit·kort
PIN	pinni *m*, PIN	pinni, pin
Wechselkurs	gengi *n*	gäiŋgi

Flughafentransfer

Abgestimmt auf Ankünfte am und Abflüge vom Flughafen in Keflavík fährt ein Flybus (**re.is/flybus**) nach Reykjavík bzw. vom dortigen *BSÍ Busterminal*. Tickets werden am Ankunftsterminal verkauft, Rückfahrten sind am einfachsten bei der Unterkunft am Tag vorher zu buchen. Die Fahrt dauert ca. 45 Minuten und kostet Anfang 2017 ca. 18 Euro pro Person, Tendenz stark steigend; für derzeit rund 24 Euro fährt der Bus oft direkt zum Hotel. Mehrere Taxiunternehmen stehen bereit, die Fahrt kostet Anfang 2017 für bis zu 4 Personen pauschal 125 Euro.

In der Ankunftshalle gibt es mehrere Autovermietungen, bei denen (nur mit Kreditkarte!) spontan Fahrzeuge gemietet, besser aber vorbestellte Autos abgeholt werden können, darunter alles vom Kleinstwagen bis zum schweren Offroader. Es sind meist mehrere Zusatzversicherungen im Angebot, u.a. gegen Steinschlag (sinnvoll) und Schäden durch Sandstürme (verzichtbar).

In der Stadt

Erste Orientierung 62

Die Unterkunft 64

Unterwegs mit dem Bus 72

Unterwegs mit dem Taxi 74

Den Alltag verwalten 75

Einkaufen 84

Erste Orientierung

Unter **reykjavikcentermap.com** finden Sie eine sehr schöne interaktive Karte des Stadtzentrums von Reykjavík.

Wortliste Orientierung in der Stadt

Ampel	umferðarljós *n*	üm·färðar·ljous
Fußgängerampel	gönguljós *n*	göiŋgü·ljous
Fußgängerüberweg	gangbraut *f*	gauŋg·bröit
Fußgängerzone	göngugata *f*	göiŋgü·gata
Gehsteig	gangstétt *f*	gauŋg·stjä^{h}tt
Haltestelle	stoppistöð *f*	sto^{h}ppi·stöð
Kreisverkehr	hringtorg *n*	hriŋg·torg
Kreuzung	gatnamót *n/pl*	ga^{h}tna·mout
Kurve	beygja *f*	bäija
Parkplatz	bílastæði *n*	bi:la·staiði
Stadtplan	götukort *n*	götü·kort
Straße	gata *f*	gata
Hauptstraße	aðalgata *f*	aðal·gata
kleinere Straße	vegur *m*; stigur *m*	wäɣür; stiɣür
Unterführung	undirgöng *n/pl*	ündir·göiŋg
Zebrastreifen	gangbraut *f*	gauŋg·bröit

▸*Ist das der Weg ins Zentrum?*
Er þetta leiðin inn í miðbæinn?
är þä^{h}tta läiðin inn i: mið·baijinn

▸*Wie weit ist es bis ins Zentrum?*
Hvað er langt niður í miðbæ?
kwað är lauŋt niður i: mið·bai

▸*Es ist (nicht) weit, vielleicht 2 Kilometer.*
Það er (ekki) langt, um það bil tvær kílómetrar.
það är ä^{h}kki launt, üm það bil twair kilou·mätrar

▸*Können Sie mir das auf dem Stadtplan zeigen?*
Getur þú sýnt mér það á (götu)kortinu?
gjätürðü si:nt mjär það au (götü)·kortinü

▸*Gehen (fahren) Sie zuerst geradeaus und dann rechts.*
Farðu (keyrðu) fyrst beint áfram og svo til hægri.
farðü (käirðü) fist bäint au·fram o swo til haiɣri

▸*Gehen (fahren) Sie über die Kreuzung und dann links.*
Farðu (keyrðu) yfir gatnamótin og svo til vinstri.
farðü (käirðü) iwir ga^{h}tna·moutin o swo til winstri

▸*Entschuldigen Sie, wo ist ... ?*
Afsakaðu, hvar er ... ?
a:w·sakaðü, kwar är ...

das Zentrum	miðbærinn *m*	mið·bairinn
das Rathaus	ráðhúsið *n*	rauð·hu:sið
das Theater	leikhúsið *n*	läik·hu:sið
das Museum	safnið *n*	sabnið
die Universität	háskólinn *f*	hau·skoulinn
der Botanische Garten	grasagarðurinn *m*	grasa·garðürinn
das Nordische Haus	Norræna húsið *n*	norraina hu:sið
das Kino	bíóið *n*	bi:ou·ið
das Schwimmbad	sundlaugin *f*	sünd·löiɣin

Bunt, aber eher unübersichtlich: die Innenstadt von Reykjavík

Die Unterkunft

Grundsätzlich gilt: Wenn Sie in der Stadt ein Zimmer buchen wollen, machen Sie dies am besten rechtzeitig von Deutschland aus; im Sommer, wenn die Hauptströme an Touristen ins Land kommen, können selbst Unterkünfte in kleinen Orten ausgebucht sein. Vor allem in Reykjavík gibt es mittlerweile ein riesiges Angebot an **Airbnb**, wobei manche Privatvermieter illegal zu Wucherpreisen vermieten; wer hier nicht reinfallen will, sollte sich im Voraus online informieren! Hotels sind immer sauber, auch wenn der Komfort schwankt. Mitten in Reykjavík (Kirkjustræti 2) liegt auch die alte **Jugendherberge** der Heilsarmee: In den Wintermonaten an Studenten vermietet, werden die Zimmer im Sommer für einen viel höheren Betrag an Touristen vergeben.

Zimmersuche

▸*Ich möchte zum Hotel ... / zur Pension ...*
Ég ætla að fara á hótel ... | á gistiheimilið ...
jäɣ ai^{h}tla a fara au houtel | au gisti·häimilið

▸*Wo ist das Hotel ... / diese Straße?*
Hvar er hótel ... | þessi gata?
kwar är houtel ... | þässi gata

▸*Wie komme ich am besten dorthin?*
Hvernig er best að komast þangað?
kwärdni är bäst a komast þauŋgað

▸*Ich suche ein gutes Hotel / ein Hotel der Mittelklasse.*
Ég er að leita að góðu hóteli | hóteli í miðlungsklassa.
jäɣ är a läita a gouðü houteli | houteli i: miðluŋgs·klassa

▸*Ich suche eine Pension / ein Privatquartier.*
Ég er að leita að gistiheimili | heimagistingu.
jäɣ är a läita a gisti·häimili | häima·gistiŋgü

▸*Wie sind die Preise dort?*
Hvernig er verðið þar?
kwärdni är wärðið þar

An der Rezeption

▸*Haben Sie ein Einzelzimmer / ein Doppelzimmer frei?*
Áttu til einsmanns herbergi | tveggjamanna herbergi?
au^{h}ttü til äins·manns·härbärgi | twäggja·manna·härbärgi

▸*Ich habe ein / zwei Zimmer auf den Namen ... bestellt.*
Ég pantaði eitt | tvö herbergi fyrir ...
jäɣ pantaði äi^{h}tt | twö härbärgi firir ...

▸*Das Reisebüro ... hat für mich ein Zimmer bestellt.*
Ferðaskrifstofan ... pantaði herbergi fyrir mig.
färða·skriw·stowan ... pantaði härbärgi firir miɣ

▸*Ich habe einen Gutschein; das Zimmer ist bestellt und bezahlt.*
Ég er með gistibeiðni; það var búið að panta og borga herbergið.
jäɣ är mä gisti·bäiðni; það war bu:ið a panta o borga härbärgið

▸*Ich hätte gern ein Zimmer mit Bad oder Dusche und WC ...*
Ég mundi vilja fá herbergi með baði eða sturtu og salerni ...
jäɣ mündi wilja fau härbärgi mä baði äða stürtü o salärdni

... *für eine Nacht / zwei Nächte / eine Woche.*
... í eina nótt | í tvær nætur | í eina viku.
... i: äina nou^{h}tt | i: twair naitür | i: äina wikü

▸*Was kostet das Zimmer / pro Tag / pro Woche?*
Hvað kostar herbergið | á dag | í viku?
kwað kostar härbärgið | au daɣ | i: wikü

... *mit Frühstück / Halbpension / Vollpension?*
... með morgunmat | hálfu fæði | fullu fæði?
... mä morgün·mat | haulwü faiði | füdlü fæði

▸*Kann ich das Zimmer anschauen?*
Má ég fá að sjá herbergið?
mau jäɣ fau a sjau härbärgið

▸*Ich nehme dieses.*
Ég tek þetta.
jäɣ täk þä^{h}tta

▸*Das Zimmer gefällt mir | das Zimmer gefällt mir nicht.*
Mér líst vel á herbergið | mér líst ekki á herbergið.
mjär list wäl au härbärgið | mjär list ä^{h}kki au härbärgið

▸*Können Sie ein Kinderbett | ein weiteres Bett ins Zimmer stellen?*
Getur þú sett barnarúm | aukarúm í herbergið?
gjätürðü sä^{h}tt bardna·ru:m | öika·ru:m í härbärgið

▸*Bekommen Kinder | Senioren eine Ermäßigung?*
Fá börn | öldungar afslátt?
fau bördn | ölduŋgar aw·slau^{h}tt

▸*Kann ich mein Gepäck hier lassen?*
Má ég skilja farangurinn minn eftir hér?
mau jäɣ skilja farauŋgürinn minn äftir chjär

▸*Kann ich diese Sachen im Hotelsafe aufbewahren?*
Get ég geymt þessa hluti í peningaskáp hótelsins?
gjät jäɣ gäimt þässa hlüti i: pä:niŋga·skaup houtelsins

Im Hotel

▸*Wo ist Zimmer Nr. ... | der Speisesaal?*
Hvar er herbergið númer ... | matsalurinn?
kwar är härbärgið nu:mär ... | mat·salürinn

▸*Wann gibt es Frühstück | Mittagessen | Abendessen?*
Hvenær er morgunmatur | hádegismatur | kvöldmatur?
kwänair är morgün·matür | hau·däijis·matür | kwöld·matür

▸*Bitte den Schlüssel für Zimmer Nr. ...*
Lykilinn að herbergi númer ... , takk.
Likilinn a härbärgi nu:mär ... , ta^{h}kk

▸*Ich habe meinen Schlüssel verloren.*
Ég týndi lyklinum mínum.
jäɣ ti:ndi li^{h}klinüm mi:nüm

▸*Ich habe meinen Schlüssel im Zimmer eingeschlossen.*
Ég lokaði lykilinn minn inni í herberginu.
jäɣ lokaði likilinn minn inni: härbärginü

▸*Können Sie ein Kopfkissen / eine Decke auf Zimmer ... bringen?*
Getur þú komið með aukakodda | aukateppi á herbergi númer... ?
gjätürðü komið mä öika·kodda | öika·tä^{h}ppi au härbärgi nu:mär...

▸*Haben Sie Briefmarken / Postkarten?*
Áttu frímerki | póstkort?
au^{h}ttü fri:·märki | poust·kort

▸*Wo kann ich mich für den Ausflug nach ... anmelden?*
Hvar á ég að tilkynna þátttöku mína í ferðina til ... ?
kwar au jäɣ a til·kinna þau^{h}tt·tökü mi:na i: färðina til ...

▸*Ich möchte für morgen ein Lunchpaket bestellen.*
Ég ætla að panta matarpakka fyrir morgundaginn.
jäɣ ai^{h}tla a panta matar·pa^{h}kka firir morgün·daijinn

▸*Wir werden morgen mit dem Bus abgeholt.*
Við verðum sótt á morgun með rútu.
wið wärðüm sou^{h}tt au morgün mä ru:tü.

Beanstandungen

▸*Das Zimmer ist nicht gereinigt worden.*
Herbergið hefur ekki verið gert hreint.
härbärgið häfür ä^{h}kki wärið gjärt hräint

▸*Es ist kalt im Zimmer. Die Heizung funktioniert nicht.*
Það er kalt í herberginu. Hitinn er ekki í lagi.
Það är kalt i: härbärginü. hitinn är ä^{h}kki i: laiji

▸*Das Waschbecken / die Toilette ist verstopft.*
Vaskurinn er stiflaður | klósettið er stiflað.
waskürinn är stiblaðür | klou·sä^{h}ttið är stiblað

▸*Die Dusche / die Spülung funktioniert nicht.*
Sturtan | vatnskassinn er ekki í lagi.
stürtan | wass·kassinn är ä^{h}kki i: laiji

▸*Der Wasserhahn tropft.*
Kraninn lekur.
kraninn läkür

▸*Es kommt kein (warmes | kaltes) Wasser.*
Það kemur ekkert (heitt | kalt) vatn.
það kjämür ä^{h}kkert (häi^{h}tt | kalt) wa^{h}tn

▸*Die Birne ist durchgebrannt.*
Peran sprakk.
päran spra^{h}kk

▸*Das Schloss ist kaputt.*
Lásinn er ónýtur.
lausinn är ou·ni:tür

Abreise

▸*Ich reise | wir reisen morgen ab.*
Eg fer | við förum á morgun.
jäɣ fär | wið förüm au morgün

▸*Bis wann muss ich das Zimmer spätestens räumen?*
Klukkan hvað á ég að rýma herbergið í síðasta lagi?
klü^{h}kkan kwað au jäɣ a ri:ma härbärgið i: si:ðasta laiji

▸*Wo kann ich das Gepäck aufbewahren?*
Hvar get ég geymt farangurinn?
kwar gjät jäɣ gäimt farauŋgürinn

▸*Können Sie mir für ... Uhr ein Taxi bestellen?*
Getur þú pantað leigubíl sem fer héðan klukkan ... ?
gjätürðü pantað läiɣü·bi:l säm fär chjäðan klü^{h}kkan ...

▸*Wo hält der Bus von der Reisegesellschaft ... ?*
Hvar stoppar rútan frá ferðafélaginu ... ?
kwar sto^{h}ppar ru:tan frau färða·fjälaijinü

▸*Fährt der Flughafenbus | Flybus von hier?*
Fär flugrútan | flybus héðan?
fär flüɣ·ru:tan | flai·büss chjäðan

▸*Ich möchte meine Sachen aus dem Safe holen.*
Ég ætla að ná í hlutina mína úr peningaskápnum.
jäɣ ai^{h}tla a nau i: hlütina mi:na u:r pä:niŋga·skaupnüm

▸*Kann ich bitte die Rechnung haben?*
Gæti ég fengið reikninginn?
gaiti jäɣ fäŋgið räi^{h}kniŋginn

▸*Bitte getrennte Rechnungen.*
Það borgar hver fyrir sig.
það borgar kwär firir siɣ

▸*Die Rechnung stimmt nicht.*
Reikningurinn er ekki réttur.
räi^{h}kniŋgürinn är ä^{h}kki rjä^{h}ttür

▸*Vielen Dank für alles.*
Takk fyrir allt saman.
ta^{h}kk firir allt saman

Wortliste Unterkunft

Abendessen	kvöldmatur *m*	kwöld·matür
Abfluss	afrennsli *n*	aw·rännsdli
Aufzug	lyfta *f*	lifta
Ausgang	útgangur *m*	u:t·gauŋgür
Badewanne	baðker *n*	bað·kär
Bad(ezimmer)	bað(herbergi) *n*	bað(härbärgi)
Beanstandung	kvörtun *f*	kwörtün
Bedienung	þjónusta *f*	þjounüsta
Beleuchtung	lýsing *f*	li:siŋg
Bett	rúm *n*	ru:m
Bettdecke	sæng *f*	saiŋg
Bettlaken	lak *f*	lak
Bettwäsche	rúmföt *n/pl*	ru:m·fött
bezahlen	borga; greiða	borga; gräiða
Broschüre	pési *m*	pjässi
bügeln	strauja	ströija
Dusche	sturta *f*	stürta

Eingang	inngangur *m*	inn·gauŋgür
Ermäßigung	afsláttur *m*	aw·slau^{h}ttür
Fenster	gluggi *m*	glüggi
Fernseher	sjónvarp *n*	sjoun·warp
Feuerlöscher	slökkvitæki *n*	slö^{h}kkwi·taiki
Frühstück	morgunmatur *m*	morgün·matür
Gepäck	farangur *m*	farauŋgür
Glühbirne	pera *f*	pära
Halbpension	hálft fæði *n*	hauft faiði
Handtuch	handklæði *n*	hand·klaiði
Internet	(inter)net *n*	(inter)nät
Internetpasswort	veflykill *m*	wäw·likidl
Kinderbett	barnarúm *n*	bardna·ru:m
Kleiderbügel	herðatré *n*	härða·trjä
Kopfkissen	koddi *m*	koddi
Kreditkarte	kreditkort *n*	krädit·kort
Kühlschrank	kælir, ísskápur *m*	kailir; i:s·skaupür
Lampe	lampi *m*	lampi
Lärm	hávaði *m*	hau·waði
Matratze	dýna *f*	di:na
Minibar	míníbar *m*	mi:ni·bar
Mittagessen	hádegismatur *m*	hau·däijis·matür
Parkplatz	bílastæði *n*	bi:la·staiði
Preis	verð *n*	wärð
Rechnung	reikningur *m*	räi^{h}kniŋgür
Reisebüro	ferðaskrifstofa *m*	färða·skriw·stowa
Reiseleiter	fararstjóri *m*	farar·stjouri
reservieren (Tisch)	panta (borð)	panta (borð)
Rezeption	móttaka *f*	mout·taka
Safe	peningaskápur *m*	pä:niŋga·skaupür
Sauna	sána *f*	sauna

Schlüssel	lykill *m*	likidl
schmutzig	óhreinn	ou·hräidn
Schrank	skápur *f/pl*	skaupür
Sessel	hægindastóll *m*	haiɣinda·stoudl
Speisekarte	matseðill *m*	mat·säðidl
Speisesaal	matsalur *m*	mat·salür
Spiegel	spegill *m*	späiɣidl
Spülung	vatnskassi *m*	wass·kassi
Steckdose	innstunga *f*	inn·stuŋga
Stecker	kló *f*	klou
Stockwerk	hæð *f*	haið
Stuhl	stóll *m*	stoudl
Swimmingpool	sundlaug *f*	sünd·löiɣ
Taxi	leigubíll *m*	läiɣü·bi:dl
Telefon	sími *m*	si:mi
Tisch	borð *n*	borð
Toilette	salerni *n*	salärdni
Toilettenpapier	klósettpappír *m*	klousä^{h}tt·pa^{h}ppi:r
Tür	dyr *f/pl*	dir
Übernachtung	gisting *f*	gistiŋg
USB-Stecker	USB tengi *m*	ü äs bjä täiŋgi
Vollpension	fullt fæði *n*	füllt faiði
Waschbecken	vaskur *m*	waskür
Wäsche	þvottur *m*	þwo^{h}ttür
waschen (Wäsche)	þvo	þwo
Wasser (heißes)	vatn (heitt)	wa^{h}tn (häi^{h}tt)
Wasser (kaltes)	vatn (kalt)	wa^{h}tn (kalt)
Wasserkocher	hraðsuðukanna	hrað·süðü·kanna
WLAN	Internet tenging *f*	internät täiŋgiŋg
Zimmer	herbergi *n*	härbärgi

Unterwegs mit dem Bus

Wenn Sie ohne eigenes Auto oder Mietwagen in Island unterwegs sind, steht (neben Inlandsflügen zu größeren Orten) nur der Bus als öffentliches Verkehrsmittel zur Verfügung. Verschiedene Betreiber decken verschiedene Strecken ab. **Strætó**, der gelbe Stadtbus, bedient zum Teil auch längere Strecken im Südwesten des Land. Normale Tickets gelten für einen begrenzten Zeitraum für beliebig viele Umstiege in dieselbe Richtung; Smartphone-Besitzer können per App unter **straeto.is** Tickets direkt aufs Handy laden. **Überlandbusse** (*rúta*) – ähnlich dem deutschen Fernbus – fahren in alle bewohnten Gegenden Islands, im Sommer sogar durchs Hochland. Es gibt verschiedene **Buspässe**, die zur freien Nutzung solcher Überlandbusse auf bestimmten Strecken berechtigen; die Preise liegen meist bei mehreren hundert Euro, doch sind die Angebote z.B. für Individualreisende (etwa bei längeren Wanderaufenthalten) durchaus einen Blick wert (weitere Infos unter: **re.is/iceland-on-your-own**).

Die *Reykjavík City Card*, für 24, 48 oder 72 Stunden (2017 ab 3.700 ISK), erlaubt die kostenlose Nutzung aller Stadtbusse in der Reykjavíker Innenstadt und beinhaltet auch den Eintritt zu einigen Museen sowie allerlei weitere Vergünstigungen; Infos unter: **visitreykjavik.is/city/reykjavik-city-card**.

▸ *Wo ist die nächste Bushaltestelle?*
Hvar er næsta stoppistöð?
kwa:r är naista sto^{h}ppi·stöð

▸ *Von wo fährt der Bus?*
Hvaðan fer strætó | rútan?
kwaðan fär straitou | ru:tan

▸ *Welcher Bus fährt in die Stadt | ins Zentrum | nach … ?*
Hvaða strætó fer | í bæinn | í miðbæ | til … ?
kwaða straitou fär | i: baijinn | i: mið·bai | til …

▸*Um wieviel Uhr fährt der (letzte) Bus nach ... ?*
Klukkan hvað fer (síðasti) strætóinn til ...
klü^{h}kkan kwað fär (si:ðasti) straitou·inn til ...

▸*Können Sie mir helfen? Ich möchte nach ...*
Getur þú hjálpað mér? Ég ætla til ...
gjätürðü hjaulpað mjär. jäɣ ai^{h}tla til ...

▸*Können Sie mir sagen, wann ich austeigen muss?*
Getur þú sagt mér hvenær ég á að fara út?
gjätürðü sacht mjär kwänair jäɣ au a fara u:t

▸*Ich möchte eine Einzelkarte | Umsteigekarte nach ...*
Ég ætla að fá einn miða | skiptimiða til ...
jäɣ ai^{h}tla a fau äidn miða | skifti·miða til ...

▸*... einfache Fahrt | Hin- & Rückfahrt | für Erwachsene | für Kinder.*
... aðra leið | báðar leiðir | fyrir fullorðna | fyrir börn.
... aðra läið | bauðar läiðir | firir füdl·ordna | firir bördn

Wortliste Busfahren

aussteigen	fara út	fara u:t
Bus (Stadt, Land)	strætó *m*	straitou
Bus (Überland)	rúta *f*	ru:ta
Busbahnhof	umferðarmiðstöð *f*	üm·färðar·mið·stöð
Bushaltestelle	stoppistöð *f*	sto^{h}ppi·stöð
Endstation	endastöð *f*	ända·stöð
entwerten	stimpla	stimpla
Fahrplan	ferðaáætlun *f*	färða·au·ai^{h}tlün
Fahrpreis	miðaverð *n*	miða·wärð
Fahrschein	miði *m*	miði
halten	stoppa	sto^{h}ppa
Richtung	átt *f*	au^{h}tt
Stadtzentrum	miðbær *m*	mið·bair
umsteigen	skipta	skifta

Unterwegs mit dem Taxi

In Reykjavík gibt es mehrere Taxiunternehmen, die neben Transferfahrten auch Rundtouren für Touristen anbieten. Preise für eine einfache Fahrt entsprechen ungefähr dem deutschen Durchschnitt, sind in den letzten Jahren aber deutlich gestiegen; auch kurzfristig gebuchte Fahrten sind meist sehr pünktlich. Taxistände gibt es vergleichsweise wenige, fast immer muss man telefonisch bestellen (siehe unter **visitreykjavik.is/city/taxi**). In vielen, aber nicht allen Taxis kann man per Kreditkarte zahlen; mit isländischem Bargeld ist man immer auf der sicheren Seite. Wie überall auf Island gibt man auch im Taxi kein Trinkgeld.

▸*Können Sie mir bitte ein Taxi bestellen?*
Getur þú pantað leigubíl fyrir mig?
gjätürðü pantað läiɣü·bi:l firir miɣ

▸*Ich möchte für morgen ... Uhr ein Taxi bestellen.*
Ég ætla að panta leigubíl klukkan ... á morgun.
jäɣ ai^{h}tla a panta läiɣü·bi:l klü^{h}kkan ... au morgün

▸*Ich möchte bitte nach ...*
Ég ætla að fara til ...
jäɣ ai^{h}tla a fara til ...

▸*Fahren Sie bitte zum Hotel ... | Flughafen | Busbahnhof.*
Viltu keyra mig á hótel ... | flugstöð | umferðarmiðstöðina.
wiltü käira miɣ au houtel ... | flüɣ·stöð | üm·färðar·mið·stöðina

▸*Fahren Sie mich bitte in die Stadtmitte.*
Viltu keyra mig í miðbæinn.
wiltü käira miɣ i: mið·baijinn

▸*Können Sie bitte kurz | 5 Minuten | 10 Minuten warten?*
Getur þú beðið aðeins | í fimm mínútur | í tíu mínútur?
gjätürðü bäðið að·äins | i: fimm mi:nutür | i: ti:ü mi:nutür

▸*Wie viel kostet die Fahrt nach ... ?*
Hvað kostar keyrslan til ... ?
kwað kostar käirsdlan til ...

▸ *Wie lange dauert die Fahrt?*
Hvað tekur keyrslan langan tíma?
kwað täkür käirsdlan lauŋgan ti:ma

▸ *Lassen Sie mich bitte hier aussteigen.*
Get ég farið út hér?
gjät jäɣ farið u:t chjär

Den Alltag verwalten

Auf der Bank

Wie in allen nordischen Ländern ist die Währungseinheit in Island die **Krone** (*króna*, pl. *krónur*), abgekürzt **ISK**. Es gibt Münzen zu 100, 50, 10, 5 und 1 ISK, Banknoten zu 10.000, 5.000, 1.000 und 500 ISK; einige wirtschaftsnahe isländische Politiker arbeiten allerdings derzeit an der schrittweisen Abschaffung des Bargeldes. Am einfachsten ist immer noch das Geldabheben an einem der zahlreichen Geldautomaten (*hraðbanki*) der verschiedenen Banken, über die auch die kleinen Orte verfügen; wir empfehlen, bereits am Flughafen Bargeld für einige Tage abzuheben. Mit EC-Karte, Bankkarte (Maestro) oder Kreditkarte mit PIN können Sie problemlos Geld abheben; die Benutzersprache des Geldautomaten wechselt meist automatisch ins Deutsche, sobald er die Karte erkennt, und nennt oft auch die **Gebühr**, die berechnet wird. Mit Karte lassen sich auch kleine Summen fast überall zahlen; aufgrund anfallender Gebühren lohnt sich Kartenzahlung allerdings nicht bei kleinen Beträgen. ADAC-Kreditkarten gewähren in Island Rabatt auf Zahlungen an Tankstellen. Zum Wortschatz siehe das Kapitel "Anreise & Ankunft" ab S. 53.

Banken sind in der Regel von Montag bis Freitag 9.00–16.00 Uhr geöffnet. Kaffee in Warmhaltekannen, der teils bereitsteht, ist ebenso wie sonstige Erfrischungen übrigens für wartende Kunden gedacht, nicht für durstige Touristen!

▸ *Wo ist hier ein Geldautomat?*
Hvar er næsti hraðbanki?
kwar är naisti hrað·bauŋki

▸ *Der Geldautomat hat meine Karte behalten.*
Hraðbankinn hélt kortinu mínu eftir.
hrað·bauŋkinn chjä:lt kortinü mi:nü äftir.

▸ *Meine Karte funktioniert nicht.*
Kortið mitt virkar ekki.
Kortið mi^{h}tt wirkar ä^{h}kki.

▸ *Ich habe meine Geheimzahl vergessen.*
Ég gleymdi leyninúmerinu mínu.
jäɣ gläimdi läini·nu:merinü mi:nü

▸ *Kann ich hier 500 Euro wechseln?*
Get ég skipt fimm hundruð evrum?
gjät jäɣ skift fimm hündrüð äwrüm

▸ *Ist es begrenzt, wie viel ich umtauschen darf?*
Er takmarkað hvað ég má skipta miklum peningum?
är tak·markað kwað jäɣ mau skifta mi^{h}klüm pä:ningüm

▸ *Ich möchte diesen Schein wechseln.*
Ég ætla að fá þessum seðli skipt.
jäɣ ai^{h}tla a fau þässüm säðli skift

▸ *Können Sie das hier in Münzen wechseln?*
Getur þú skipt þessu í klink?
gjätürðü skift þässu i: kliŋk

▸ *Wie ist der Wechselkurs für Euro? (Verkauf)*
Hvernig er sölugengið á evrunni?
kwärdni är sölü·gäiŋgið au äwrünni

▸ *Wie ist der Wechselkurs für die isländische Krone? (Ankauf)*
Hvernig er kaupgengið á íslensku krónunni?
kwärdni är köip·gäiŋgið au i:slänskü krounünni

▸ *Wie hoch sind die Gebühren?*
Hvað er gjaldið hátt?
kwað är gjaldið hau^{h}tt

Wortliste Bank

ausfüllen	fylla út	fidla u:t
Betrag, Summe	upphæð *f*	ü^h^pp·haið
Euro	evra *f*; evrur *pl*	äwra; äwrür
Formular	eyðublað *n*	äiðü·blað
Gebühr	gjald *n*; þóknun *f*	gjald; þou^h^knün
Geheimzahl, PIN	leyninúmer *n*	läini·nu:mär
Geld	peningar *m/pl*	päniŋgar
Geldautomat	hraðbanki *m*	hrað·bauŋki
Kleingeld	klink *n (ugs.)*	kliŋk
Kreditkarte	kreditkort *f*	krädit·kort
Kronen (Währung)	krónur *f/pl*	krounür
Schalter	afgreiðsluborð *n*	aw·gräisdlü·borð
Schein	seðill *m*	säðidl
Schweizer Franken	svissneskir frankar *f/pl*	swiss·näskir frauŋkar
Überweisung	millifærsla *f*	midli·fairsdla
umtauschen	skipta	skifta
Unterschrift	undirskrift *f*	ündir·skrift
Währung	gjaldeyrir *m*	gjald·äirir
Wechselkurs	gengi *n*	gäiŋgi

Auf der Post

Das isländische Postsystem kennt *A-póstur* und *B-póstur*. Ein normaler **Brief** (bis 50 g) oder eine **Postkarte** ins europäische Ausland kostet (Anfang 2017) mit A-Post 225 ISK, mit B-Post 200 ISK. Die Beförderung von A-Post ist schneller, kann aber dennoch mehrere Tage bis Wochen dauern. Größere Sendungen wie Päckchen oder Pakete lassen sich (sehr teuer) per *Flugpóstur* (Luftpost) oder (teuer) *Sjópóstur* (Seeweg) befördern.

▸*Kann man hier Briefmarken kaufen?*
Er hægt að kaupa frímerki hér?
är haicht a köipa fri:märki chjär

▸*Wie teuer ist ein Brief | eine Postkarte nach Deutschland?*
Hvað kostar bréf | kort til Þýskalands?
kwað kostar brjä:w | kort til Þi:ska·lans

▸*Ich möchte Briefmarken für einen Brief nach Österreich.*
Ég ætla að fá frímerki á bréf til Austurríkis.
jäɣ ai^{h}tla a fau fri:märki au brjä:w til Öistür·ri:kis

▸*Dieser Brief soll als Eilbrief in die Schweiz geschickt werden.*
Þetta bréf á að senda sem hraðbréf til Sviss.
þä^{h}tta brjä:w au a sända säm hrað·brjä:w til Swiss

Geleert wird meist einmal täglich ...

▸*Dieser Brief geht als Einschreiben.*
Þetta bréf fer í ábyrgðarpósti.
þä^{h}tta brjä:w fär i: au·birðar·pousti

▸*Dieses Paket soll per Luftpost gehen.*
Pakkinn á að fara með flugpósti.
Pa^{h}kkinn au a fara mä flüɣ·pousti

▸*Dieses Päckchen soll auf dem Seeweg gehen.*
Smápakkinn á að fara með sjópósti.
Smau·pa^{h}kkinn au a fara mä sjou·pousti.

▸*Kann ich ein Fax von hier schicken?*
Get ég sent fax héðan?
gjät jäɣ sänt faks chjäðan

▸*Wie hoch sind die Gebühren?*
Hvað er gjaldið hátt?
kwað är gjaldið hau^{h}tt

▸*Können Sie mir helfen, das Formular auszufüllen?*
Getur þú hjálpað mér að fylla út þetta eyðublað?
gjätürðü hjaulpað mjär a fidla u:t þä^{h}tta äiðü·blað

▸*Wie lange ist das Postamt heute geöffnet?*
Hvað er pósthúsið opið lengi í kvöld?
kwað är poust·hu:sið opið läiŋgi i: kwöld

Wortliste Post

Brief	bréf *n*	brjä:w
Briefmarke(n)	frímerki *n (pl)*	fri:märki
Eilbrief	hraðbréf *n*	hrað·brjä:w
Einschreiben	ábyrgðarpóstur *m*	aubirðar·poustür
Fax, Faxgerät	fax *n*	faks
Päckchen	smápakki *m*	smau·pa^{h}kki
Paket	pakki *m*	pa^{h}kki
Postkarte	póstkort *n*	poust·kort
Porto	burðargjald *n*	bürðar·gjald
zzgl. Porto	að viðbættu burðargjaldi	að wið·bai^{h}ttu bürðar·gjaldi

Telefonie und Internet

Der wohl größte isländische Mobilfunkanbieter ist **Síminn**; populär ist auch **Vodafone**. SIM-Karten – entweder nur fürs Internet oder auch zum Telefonieren – kann man bereits am Flughafen kaufen, teils auch in größeren Supermärkten und Tankstellen; das Einkaufszentrum **Kringlan** bietet spezielle Shops. Dort gibt es auch die Möglichkeit, das Guthaben durch den Kauf von Gutscheinen aufzuladen; online kann per Kreditkarte entweder ein fester Betrag aufgebucht oder ein zeitlich begrenztes Paket (z.B. Flatrate) erworben werden. Kostenloses **WLAN** ist in ganz Reykjavík und Akureyri verbreitet, z.B. in Cafés oder Buchhandlungen. Und obwohl die Bedeutung von Telefonzellen klar abgenommen hat, betreibt Síminn noch immer die eine oder andere im Land. Isländische Telefonnummern sind übrigens siebenstellig; die **Vorwahl** für Reykjavík lautet +354-55 bzw. -56. Ob Island ab Juni 2017 die geplante Abschaffung der EU-Roaming-Gebühren generell übernehmen wird, ist derzeit unklar.

▸*Kann ich hier telefonieren?*
Er hægt að hringja héðan?
är haicht a hriŋgja chjäðan

▸*Ich will nach Deutschland | Österreich | in die Schweiz telefonieren.*
Ég ætla að hringja til Þýskalands | Austurríkis | Sviss.
jäɣ ai^{h}tla a hriŋgja til Þi:ska·lans | Öistür·ri:kis | Swiss

▸*Ich hätte gern eine SIM-Karte für das isländische Netz.*
Ég ætla að fá SIM-kort fyrir íslenska símkerfið.
jäɣ ai^{h}tla a fau si:m·kort firir i:slänska si:m·kärwið

Nur noch selten zu sehen, aber modern gestaltet: Telefonzelle (hier in Vopnafjörður)

▸*Ich möchte eine Prepaidkarte.*
Mig vantar skafkort.
miɣ wantar skaw·kort

▸*Ich möchte Guthaben aufladen.*
Ég ætla að kaupa inneign.
jäɣ ai^{h}tla a köipa inn·äig

▸*Komme ich hier ins Internet?*
Kemst ég á (inter)netið hér?
kjämst jäɣ au (inter)nätið chjär

▸*Wo gibt es WLAN?*
Hvar er þráðlaust internet aðgengilegt?
kwar är þrauð·löist internät að·gäiŋgi·lecht

▸*Kann ich Zugang zum Internet erhalten?*
Get ég fengið aðgang að netinu?
gjät jäɣ fäiŋgið að·gauŋg a nätinü

▸*Wie lautet das Passwort?*
Hvað er veflykillinn?
kwað är wäw·likidlinn

▸*Das Internet funktioniert nicht.*
Netið liggur niðri.
nätið liggür niðri

Eine isländische SIM-Karte kann sich auch bei kurzen Aufenthalten lohnen; gerade die Internetpakete sind attraktiv!

Wortliste Telefonie und Internet

Anruf	símtal *n*	si:m·tal
anrufen	hringja	hriŋgja
Computer	tölva *f*	tölwa
Display	skjár *m*	skjaur
Mail	tölvupóstur *m*	tölwü·poustür
eMail-Adresse	netfang *n*	nät·fauŋg
Flatrate	engin takmörk *n/pl*	äŋgin tag·mörk
Guthaben aufladen	kaupa inneign *f*	köipa inn·äig
Handy	farsími; gemsi *m*	far·si:mi; gämsi
Handynummer	farsímanúmer *n*	far·si:ma·nu:mär
Internet	(inter)netið *n*	(inter)·nätið
Internetanschluss	nettenging *f*	nät·täiŋgiŋg
Ladekabel	hleðslusnúra *f*	hläsdlü·snu:ra
Notebook	fartölva *f*	far·tölwa
Powerbank	ferðahleðsla *f*; hleðslubanki *m*	färða·hläsdla; hläsdlü·bauŋki
Prepaidkarte	skafkort *n*	skaw·kort
SIM-Karte	SIM-kort *n*	si:m·kort
skypen	skæpa	skaipa
SMS	smáskilaboð *n*	smau·skila·boð
surfen im Internet	vafra á netinu	wafra au nätinü
Telefon	sími *m*	si:mi
Telefonnetz	símkerfi *n*	si:m·kärwi
Telefonzelle	símaklefi *m*	si:ma·kläwi
USB-Stick	minnislykill *m*	minnis·likidl
Webseite	vefsíða *f*	wäw·si:ða

Bei der Polizei

Seit mehreren Jahren gilt in Island eine **landesweite Notfallnummer** (*Neyðarlínan*) für Polizei, Feuerwehr und Notarzt: 112. Wenn es kein Notfall ist, wendet man sich an ein Polizeirevier, in Reykjavík in der Hverfisgata 113 (am Busbahnhof *Hlemmur*). Auch das Fundbüro befindet sich in diesem Gebäude; hier kann man einen Verlust melden bzw. ein Fundstück abholen oder abgeben. Nähere Auskunft erhält man über die Webseite der Polizei: **logregla.is** oder auf Englisch **police.is**; dort kann man auch gezielte Anfragen stellen. In Island heißt die Polizei übrigens *lögregla*, Gesetzesregler, meist mit Artikel verwendet, *lögreglan*, umgangssprachlich auch *löggan*.

Fotogene Patrouille am Hafen in Húsavík

Die Polizei tritt besonders in Erscheinung bei Geschwindigkeitsüberschreitungen und Alkohol am Steuer (siehe Bußgeld, S. 123) sowie bei Schädigungen von Natur und Umwelt (z.B. beim Querfeldeinfahren abseits der Straße). Die offizielle Kriminalitätsrate (traurige Ausnahme auch auf Island: häusliche Gewalt) ist niedrig.

▸ *Wo ist das nächste Polizeirevier?*
Hvar er næsta lögreglustöð?
kwar är naista löɣ·räglü·stöð

▸ *Ich möchte einen Diebstahl melden.*
Ég ætla að tilkynna um þjófnað.
jäɣ ai^{h}tla a til·kinna üm þjoubnað

Zu Unfällen und Notfällen vgl. die Kapitel "Durchs Land fahren" (ab S. 115) sowie "Behindert, krank, verletzt" (ab S. 187).

►*Ich bin überfallen worden.*
Ég var rændur (*m*) | rænd (*f*).
jäɣ war raindür | raind

►*Ich habe einen Zeugen.*
Ég er með vitni.
jäɣ är mä wi^h^tni

►*Ich habe ... verloren.*
Ég týndi ...
jäɣ tindi ...

►*Mir wurde ... gestohlen.*
... hefur verið stolið frá mér.
... häwür wärið stolið frau mjär

Die folgenden Beispiele stehen bereits in der richtigen Form für die beiden letzten Sätze:

mein Geld	peningum mínum	pä:niŋgüm mi:nüm
mein/en Geldbeutel	peningabuddu minni	pä:niŋga·büddu minni
meine Brieftasche	seðlaveskinu mínu	säðla·wäskinü mi:nü
mein/en Ausweis	skilríkjunum mínum	skil·ri:kjünüm mi:nüm
mein/en Pass	vegabréfinu mínu	wäɣa·brjä:winü mi:nü
mein/en Führerschein	ökuskírteininu mínu	ö:kü·ski:r·täininü mi:nü
meine Kreditkarte	kreditkortinu mínu	krädit·kortinü mi:nü
mein Auto	bílnum mínum	bi:lnüm mi:nüm
mein Fahrrad	hjólinu mínu	hjoulinü mi:nü
mein Motorrad	mótorhjólinu mínu	moutor·hjoulinü mi:nü
meine Handtasche	veskinu mínu	wäskinü mi:nü
meine Reisetasche / mein/en Koffer	ferðatöskunni minni	färða·töskünni minni

Einkaufen

Geschäfte haben in der Regel Montag bis Freitag 9–18 Uhr geöffnet, samstags oft kürzer; mittlerweile haben sich viele Betreiber aber an die hohen Besucherzahlen angepasst und halten ihre Geschäfte länger geöffnet. In Reykjavík haben vor allem Buch- und Andenkenläden deutlich längere Öffnungszeiten. Größere Einkaufszentren sind **Smáralind** und **Kringlan**; zu Kringlan fahren regelmäßig kostenlose Shuttlebusse. Mit dem Bus kann man auch in Gewerbegebiete (z.B. *Skeifan* in Reykjavík) fahren, in denen es u.a. Outlet-Shops und Läden für Spezialbedarf gibt.

Lebensmittel kauft man auch in Island meist im Supermarkt mit Selbstbedienung, so dass man gar nicht nach dem Gesuchten fragen muss – es sei denn, man findet etwas nicht. Es gibt mehrere **große Ketten von Supermärkten**, darunter am weitesten verbreitet *Bónus* (mit dem rosa Schwein), *Hagkaup*, *Krónan* (mit der goldenen Münze), *Nettó* und *Viðir* (mit dem grünen Blatt); einige *Hagkaup*- und *Nettó*-Filialen haben 24 Stunden geöffnet. Die einzelnen Ketten unterscheiden sich im Preis (am günstigsten ist Bónus), hier und da auch in der Qualität des Angebots, vor allem bei Fleisch und Gemüse. In der Fußgängerzone in Reykjavík gibt es zudem Spezialitätenläden; aufgrund restriktiver Einfuhrbedingungen können allerdings auch spezialisierte Gewerbebetreiber nicht jede Frischware anbieten.

Alkohol gibt es nur in Vínbúðin.

Im ganzen Land sind an Tankstellen zumindest Kioske angeschlossen, teils auch kleine Supermärkte; hier kann man auch am späten Abend und an den Wochenenden (nicht nur) Lebensmittel einkaufen. Alkohol (über 2,5%) gibt es allerdings nur in den separaten **Vínbúðin**-Filialen, die meist zwischen 11 und 18 Uhr geöffnet haben; in Supermärkten und an Tankstellen gibt es Leichtbier. Denken Sie daran, dass im Hochland (*Sprengisandur* und *Kjölur*) Tankstellen (und damit jede Versorgung) rund 250 Kilometer auseinanderliegen!

Island ist kein EU-Land; als EU-Bürger kann man also **tax-free** einkaufen, d.h. ohne Mehrwertsteuer, wenn der Betrag über 6.000 ISK liegt. Achten Sie auf Geschäfte mit dem Logo von *Global Blue* und verlangen Sie ein *Iceland Refund Tax Free*-Formular; lassen Sie es unbedingt im Geschäft unterschreiben! Die Erstattung ist nur möglich für Waren, die man ausführen kann, also nicht für z.B. Lebensmittel. Einlösen kann man ausgefüllte Formulare am Flughafen - unbedingt vor der Gepäckaufgabe. Folgen Sie dem Schild zum Zoll (*Tollur*) und legen Sie Formular und Waren samt Belegen vor, um einen Stempel zu erhalten. Lassen Sie sich den Betrag dann an einer *Iceland Refund*-Auszahlungsstelle auszahlen; meist wird eine Bearbeitungsgebühr berechnet. Barauszahlung ist am schnellsten, bei Gutschriften auf Kreditkarte muss man bisweilen mehrere Wochen warten. An der Auszahlungsstelle können Sie auch Ihre erhaltenen oder restlichen isländischen Kronen tauschen, allerdings meist zu keinem attraktiven Kurs. Weitere Informationen unter: **kefairport.is/english/at-the-airport/before-departure/vat-refund**.

Öffnungszeiten (opnunartímar; afgreiðslutímar)

Diese Zeiten stehen im Akkusativ Plural: am ... / von ... / bis ...

Montag	mánudaga	maunü·daɣa
Dienstag	þriðjudaga	þriðjü·daɣa
Mittwoch	miðvikudaga	mið·wikü·daɣa
Donnerstag	fimmtudaga	fimmtü·daɣa
Freitag	föstudaga	föstü·daɣa
Samstag	laugardaga	löiɣar·daɣa
Sonntag	sunnudagur	sünnu·daɣa
Werktag	virka daga	wirka daɣa
Feiertag	helgidaga	hälgi·daɣa
Wochenende	um helgar	üm hälgar

Geschäfte (verslanir)

▸ *Wo ist hier ein/e ...*	Hvar er hér ...	kwar är chjär
Apotheke	apótek *n*	apoutäk
Bäckerei	bakarí *n*	bakari:
Bank	banki *m*	bauŋki
Buchhandlung	bókabúð *f*	bouka·bu:ð
Elektrogeschäft	raftækjabúð *f*	raw·taikja·bu:ð
Kaufhaus	vöruhús *n*	wörü·hu:s
Juweliergeschäft	skartgripaverslun *f*	skart·gripa:wärsdlün
Kiosk	sjoppa *f*	sjo^{h}ppa
Lebensmittelgeschäft	matvöruverslun *f*	mat·wörü·wärsdlün
Milchladen	mjólkurbúð *f*	mjoulkür·bu:ð
Optiker	gleraugnaverslun *f*	glär·öigna·wärsdlün
Postamt	pósthús *n*	poust·hu:s
Reformhaus	heilsubúð *f*	häilsü·bu:ð
Schreibwarenladen	ritfangaverslun *f*	rit·fauŋga·wärsdlün
Schuhgeschäft	skóbúð *f*	skou·bu:ð
Souvenirladen	minjagripaverslun *f*	minja·gripa·wärsdlün
Supermarkt	stórmarkaður *m*	stour·markaðür
Uhrmacher	úrsmiður *m*	u:r·smiðür
Wäscherei	þvottahús *n*	þvo^{h}tta·hu:s
Zeitungsladen	blaðasala *f*	blaða·sala

Nützliche Wörter bei der Orientierung im Geschäft

dort	þarna	þadna
ganz hinten	aftast	aftast
ganz vorne	fremst	främst
im Regal	á hillunni	au hidlünni

links	til vinstri	til winstri
rechts	til hægri	til haiɣri
oben / ganz oben	uppi | efst	ü^{h}ppi | äfst
unten / ganz unten	niðri | neðst	niðri | näst
in der Mitte	í miðjunni	i: miðjünni

Einkaufen

▸ *Wie teuer ist das? Es kostet ... Kronen.*
Hvað kostar þetta? Það kostar ... krónur.
kwað kostar þä^{h}tta. það kostar ... krounür

▸ *Wie viel / wie viele möchten Sie davon?*
Hvað viltu mikið? Hvað viltu marga (*m*) | margar (*f*) | mörg (*n*)?
kwað wiltü mikið. Kwað wiltü marga | margar | mörg

Die folgenden Mengenangaben stehen bereits als Antwort in der richtigen Form (der gegebenenfalls ein af (+ Dativ) folgt: eitt kíló af tómötum ('ein Kilo Tomaten')).

eine Packung	einn pakka	äidn pa^{h}kka
ein / zwei Stück	eitt | tvö stykki	äihtt | twö sti^{h}kki
eine Dose	eina dós	äina dous
eine Tüte	einn poka	äidn poka
ein Glas	eitt glas	äi^{h}tt glas
eine Flasche	eina flösku	äina flöskü
eine Getränketüte	eina hyrnu	äina hirdnü
einen Liter	einn lítra	äidn li:tra
ein Kilo	eitt kíló	äi^{h}tt ki:lou
ein halbes Kilo	hálft kíló	hault ki:lou
fünf Scheiben	fimm sneiðar	fimm snäiðar
200 Gramm	tvö hundruð grömm	twö hündrüð grömm

▸ *Wo kann ich … kaufen?*
Hvar get ég keypt … ?
kwar gjät jäɣ käift

▸ *Haben Sie … ?*
Áttu til … ?
au^{h}ttü til …

▸ *Ich hätte gern …*
Ég ætla að fá …
jäɣ ai^{h}tla a fau

Die Bäckerei Brauð auf Frakkastígur

In den Wörterlisten auf den folgenden Seiten stehen die Substantive bereits in der richtigen Form (Akkusativ) zum Einsetzen in die beiden Fragen und den Satz oben.

Lebensmittel (matvörur)

Aufschnitt	álegg	au·lägg
Bier	bjór	bjour
Brot	brauð	bröið
Butter	smjör	smjör
Eier	egg	ägg
Eis	ís	i:s
Essig	edik	ädik
Fladenbrot	flatköku	flat·kökü
Gemüse	grænmeti	grain·mäti
Getränke	drykki	dri^{h}kki
Gewürze	krydd	kridd
Joghurt	jógúrt	jougurt
Kartoffeln	kartöflur	kartöblür
Käse	ost	ost
Konserven	dósamat	dousa·mat
Margarine	smjörlíki	smjör·li:ki

Marmelade	sultu	sültü
Milch	mjólk	mjoulk
Nudeln	núðlur; pasta	nu:ðlür; pasta
Obst	ávexti	au·wäksti
Reis	hrísgrjón	hri:s·grjoun
Saft	safa	sawa
Salz	salt	salt
Speiseöl	matarolíu	matar·oliü
Süßigkeiten	sælgæti	sail·gaiti
Weizenmehl	hveiti	kwäiti
Zucker	sykur	sikür

Kleidung (föt)

Anorak	anórakk	a:noura^{h}kk
Anzug	jakkaföt	ja^{h}kka·föt
Badeanzug	sundbol	sünd·bol
Badehose	sundskýlu	sünd·ski:lü
BH, Büstenhalter	brjóstahaldara	brjousta·haldara
Fausthandschuhe	vettlinga	vä^{h}ttliŋga
Gürtel	belti	bälti
Handschuhe	hanska	hanska
Hemd	skyrtu	skirtü
Hose	buxur	büxür
Jacke	jakka	ja^{h}kka
Jeans	gallabuxur	galla·büxür
Kleid	kjól	kjoul
Krawatte	bindi	binti
Mantel	kápu (*Frauen*);	kaupü;
	frakka (*Männer*)	fra^{h}kka
Mütze	húfu	hu:wü

Pullover	peysu	päisü
Isländerpullover	lopapeysu	lopa·päisü
Regenbekleidung	regnföt	räg·fött
Rock	pils	pils
Schal	trefil	träwil
Schuhe	skó	skou
Sportschuhe	íþróttaskó	i:þrou^{h}tta·skou
Wanderschuhe	fjallgönguskó	fjadl·göiŋgü·skou
Socken	sokka	so^{h}kka
Stiefel	stígvél	sti:wjäl
Gummistiefel	gúmmístígvél	gummi·sti:wjäl
T-Shirt	bol	bol
Weste	vesti	wästi

Isländerpulli (lopapeysa)

▸*Für Sie? Welche Größe? Welche Farbe?*
Fyrir þig? Hvaða stærð? Hvaða lit?
firir þiɣ. kwaða stairð. kwaða lit

▸*Kann ich das anprobieren?*
Má ég máta þetta?
mau jäɣ mauta þä^{h}tta

▸*Das ist zu klein | zu groß.*
Þetta er of lítið | of stórt.
þä^{h}tta är ow li:tið | ow stourt

▸*Versuchen Sie dieses.*
Prufaðu þetta.
prüwaðü þä^{h}tta

▸*Das passt mir nicht. Haben Sie es größer | kleiner?*
Þetta passar ekki á mig. Hafið þið stærra | minna?
þä^{h}tta passar ä^{h}kki au miɣ, hawiði stairra | minna

▸*Wie finden Sie das hier? Das gefällt mir gut.*
Hvernig finnst þér þetta? Þetta finnst mér fallegt.
kwärdni finnst þjär þä^{h}tta. þä^{h}tta finnst mjär fadlecht

►*Dies hier ist zu teuer. Haben Sie es billiger?*
Þetta er of dýrt. Áttu ódýrara?
þä^{h}tta är of di:rt. au^{h}ttü ou·di:rara

►*Der Bund der Hose ist zu eng.*
Buxnastrengurinn er of þröngur.
büxna·sträiŋgürinn är ow þröiŋgür

►*Läuft die Hose beim Waschen ein?*
Hlaupa buxurnar í þvotti?
hlöipa büxüdnar i: þvo^{h}tti

►*Diese Schuhe sind eine Nummer zu klein | zu groß.*
Þessir skór eru einu númeri of litlir | of stórir.
þässir skour ärü äinü nu:märi ow li^{h}tlir | ow stourir

►*Ich möchte einen Isländerpullover mit Reißverschluss.*
Ég ætla að fá lopapeysu með rennilás.
jäɣ ai^{h}tla a fau lopa·päisü mä ränni·laus

►*Ich möchte einen Isländerpullover zum Knöpfen.*
Ég ætla að fá hneppta lopapeysu.
jäɣ ai^{h}tla a fau hnä^{h}ffta lopa·päisü

Der Pullover ist aus ...	Peysan er úr ...	päisan är u:r ...
Baumwolle	bómull	boum·üdl
Fleece	flísi	fli:si
Schafwolle	sauðaull	söiða·üdl
Seide	silki	silki
Synthetik	gerviefni	gärwi·äbni
Wolle	ull	üdl

Die Schuhe sind aus ...	Skórnir eru úr ...	skourdnir ärü u:r ...
Gummi	gúmmíi	gummi:
Kunstleder	gervileðri	gärwi·läðri
Leder	leðri	läðri
Wildleder	rúskinni	ru:·skinni

Er / das ist zu ...	Hann | þetta er of ...	hann | þä^{h}tta är ow ...
breit	breiður | breitt	bräiður | bräi^{h}tt
eng	þröngur | þröngt	þröiŋgür | þröiŋt
groß	stór | stórt	stour | stourt
klein	lítill | lítið	li:tidl | li:tið
kurz	stuttur | stutt	stu^{h}ttür | stu^{h}tt
lang (senkrecht)	síður | sítt	si:ður | si^{h}tt
lang (waagrecht)	langur | langt	lauŋgür | lauŋt
weit	víður | vítt	wi:ður | wi^{h}tt

Der Stoff ist ...	Dúkurinn er ...	du:kürinn är ...
bunt	marglitur	marg·litür
einfarbig	einlitur	äin·litür
geblümt	rósóttur	rous·ou^{h}ttür
gemustert	mynstraður; munstraður	minstraður; münstraður
gestreift	röndóttur	rönd·ou^{h}ttür
gesprenkelt	dröfnóttur	dröbn·ou^{h}ttür
kariert	köflóttur	köbl·ou^{h}ttür

Farben (litirnir)

dunkel-	dökk-	dö^{h}kk-
hell-	ljós-	ljous-
beige	drapplitaður	dra^{h}pp·litaður
blau	blár	blaur
braun	brúnn	bru:dn
gelb	gulur	gülür
grau	grár	graur
grün	grænn	grainn
lila, violett	fjólublár	fjoulü·blaur

orange	appelsínugulur	a^h ppel·si:nü·gülür
rosa	bleikur	bläikür
rot	rauður	röiðür
schwarz	svartur	swartür
weiß	hvítur	kwi:tür

Andenken & Schmuck (minja- og skartgrípir)

Souvenirladen	minjagripaverslun	minja·gripa·wärsdlün
Juweliergeschäft	skartgripaverslun	skart·gripa·wärsdlün

Zur Erinnerung:

▸*Haben Sie ein/e ... ?*
Áttu til ... ?
au^h ttü til ...

▸*Ich hätte gern ein/e ...*
Ég ætla að fá ...
jäɣ ai^h tla a fau ...

Auch hier stehen die Wörter bereits in der richtigen Form:

Andenken	minjagrip	minja·grip
Anhänger	hálsmen	hauls·män
Armband	armband	arm·band
Armbanduhr	armbandsúr	arm·bands·u:r
Brosche	nælu	nailü
Geschenk	gjöf	gjöw
Halskette	hálsfesti	hauls·fästi
Ohrringe	eyrnalokka	äirdna:lo^h kka
Ring	hring	hriŋg
Schmuck	skartgrip	skart·grip
Uhrarmband	úról	u:r·oul
aus Gold	úr gulli	u:r güdli
aus Silber	úr silfri	u:r silwri

Kosmetika (snyrtivörur)

Auch diese Wörter stehen in der richtigen Form:

Damenbinden	dömubindi	dömü·binti
Deo	svitalyktareyði	swita·li^{h}ktar·äiði
Duschgel	sturtugel	stürtü·gäl
Haarband	hárband	haur·band
Haarspray	hárlakk	haur·la^{h}kk
Handcreme	handáburð	hand·aubürð
Kondome	smokka	smo^{h}kka
Körperlotion	kroppakrem	kro^{h}ppa·kräm
Lippenstift	varalit	wara·lit
Mückenschutz	vörn gegn mýbiti	wördn gäg mi:biti
Nagellack	naglalakk	nagla·la^{h}kk
Parfüm	ilmvatn	ilm·wa^{h}tn
Rasierer	rakvél	rak·wjäl
Rasierschaum	rakkrem	rak·kräm
Schaumfestiger	hárfroðu	haur·froðü
Schminke	farða	farða
Seife	sápu	saupü
Shampoo	hárþvottalög	haur·þwo^{h}tta·löɣ
Sonnencreme	sólkrem	soul·kräm
Spiegel	spegil	späiɣil
Tampons	tíðatappa	ti:ða·ta^{h}ppa
Taschentücher	vasaklúta	wasa·klu:ta
Toilettenpapier	klósettpappír	klousä^{h}tt·pa^{h}ppir
Wimperntusche	maskara	maskara
Zahnbürste	tannbursta	tann·bürsta
elektrische ~	rafmagns ~	raw·mags ~
Zahnpasta	tannkrem	tann·kräm
Zahnseide	tannþráð	tann·þrauð

Akustiker & Optiker (heyrnartæknir & sjóntækjafræðingur)

▸*Mein Hörgerät funktioniert nicht. Können Sie es reparieren?*
Heyrnartækið mitt er bilað. Getur þú gert við þetta?
häirdnar·taikið mi^{h}tt är bilað. Gjätürðü gärt wið þä^{h}tta?

▸*Ich brauche Batterien für das Hörgerät.*
Mig vantar rafhlöður í heyrnartækið.
miɣ wantar raw·hlöðür i: häirdnar·taikið

▸*Können Sie bitte mein Hörgerät reinigen?*
Getur þú hreinsað heyrnartækið mitt?
gjätürðü hräinsað häirdnar·taikið mi^{h}tt

▸*Die Fernsteuerung für meine Hörgeräte funktioniert nicht.*
Fjarstýringin fyrir heyrnartækin mín er biluð.
fjar·sti:riŋgin firir häirdnar·taikin mi:n är bilüð

▸*Meine Brille ist kaputt. Können Sie sie reparieren?*
Gleraugun mín eru brotin. Getur þú gert við þau | þessi?
glär·öiɣün mi:n ärü brotin. Gjätürðü gärt wi þöi | þässi

▸*Ich brauche eine Sonnenbrille.*
Mig vantar sólgleraugu.
miɣ wantar soul·glär·öiɣü

▸*Ich bin kurzsichtig | weitsichtig.*
Eg er nærsýnn (*m*) | fjarsýnn (*m*).
jäɣ är nair·si:dn | fjar·si:n
Eg er nærsýn (*f*) | fjarsýn (*f*).
jäɣ är nair·si:dn | fjar·si:n

Ein Schnäppchen: Lesebrillen

▸*Ich brauche Tageslinsen | Monatslinsen.*
Mig vantar daglinsur | mánaðarlinsur.
miɣ wantar daɣ·linsür | maunaðar·linsür

▸*Ich brauche Aufbewahrungslösung für Kontaktlinsen.*
Mig vantar geymsluvökva fyrir snertilinsur.
miɣ wantar gäimsdlü·wö:kwa firir snärti·linsür

▸*Ich brauche Reinigungslösung für Kontaktlinsen.*
Mig vantar hreinsiefni fyrir snertilinsur.
miɣ wantar hräinsi·ebni firir snärti·linsür

▸*Ich habe harte | weiche Kontaktlinsen.*
Ég er með harðar | mjúkar linsur.
jäɣ är mä harðar | mju:kar linsür

▸*Ich habe trockene Augen.*
Ég er með þurr augu.
jäɣ är mä þürr öiɣü

▸*Ich habe eine Kontaktlinse verloren | zerbrochen.*
Ég er búin(n) (*f* (*m*)) að týna | brjóta | snertilinsu.
jäɣ är bu:inn a ti:na | brjouta | snärti·linsü

Wortliste Akustiker & Optiker

Aufbewahrungslösung	geymsluvökvi *m*	gäimsdlü·wö:kwi
Aufbewahrungsbehälter	linsubox *n*	linsü·boks
Augenarzt	augnlæknir *m*	öig·lai^{h}knir
Batterien	rafhlöður *f/pl*	raw·hlöður
Brille	gleraugu *n/pl*	glär·öiɣü
desinfizieren	sótthreinsa	sou^{h}tt·hräinsa
Hörgerät(e)	heyrnartæki *n*	häirdnar·taiki
Kontaktlinse	snertilinsa *f*	snärti·linsa
harte Linsen	harðar linsur *f/pl*	harðar linsür
weiche Linsen	mjúkar linsur *f/pl*	mju:kar linsür
kurzsichtig	nærsýn(n) *f* (*m*)	nair·si:n, (-si:dn)
Lesebrille	lesgleraugu *n/pl*	läs·glär·öiɣü
Reinigungslösung	hreinsiefni *n*	hräinsi·ebni
Sonnenbrille	sólgleraugu *n/pl*	soul·glär·öiɣü
weitsichtig	fjarsýn(n) *f* (*m*)	fjar·si:n, (-si:dn)

Bücher & Schreibwaren (bækur & ritföng)

Literatur und Bücher spielen in Island eine deutlich größere Rolle als in Deutschland. Auch kleinere Orte verfügen oft über eine Buchhandlung, und Leihbüchereien haben teils erstaunliche Ausmaße, wenn man die geringe Einwohnerzahl vieler Orte bedenkt. Weit verbreitet im ganzen Land sind vor allem die Buchhandlungen von **Eymundsson**, in denen man viel Zeit verbringen kann; hier findet man auch allerlei Schreib- und Künstlerbedarf.

Die wohl traditionellste Buchhandlung ist **Mál og Menning** in Reykjavík (Foto); 1937 als Verlag gegründet, kam 1970 ein Buchladen dazu, der heute noch ohne viele Umbauten am ursprünglichen Ort steht. Buchläden in Island bieten aber mehr als nur Bücher. Man kann zum Beispiel die zum Verkauf gedachten Zeitschriften mit ins oft angeschlossene Café nehmen und sie dort bei Waffel und Kaffee ausgiebig studieren, während von den Fensterplätzen aus (in *Mál og Menning*) dem Blick auf Laugavegur, die Haupteinkaufsstraße in Reykjavík, nichts entgeht. Natürlich gibt es fast immer auch einen freien Internetzugang. Buchhandlungen sind insofern soziale Treffpunkte und man nimmt sich Zeit dafür.

Die Zahl an **Antiquariaten** hat auch in Island stark abgenommen; gebrauchte Bücher findet man noch in *Bókin* auf Klapparstígur, *Bókakjallarinn* auf Laugavegur sowie beim Flohmarkt *Kolaportið* am Hafen. Mit ein paar Sätzen Isländisch kann man mitunter niedrigere Preise erzielen – zumal wenn man ein isländisches Buch erwerben will!

Neben der Dead Gallery: Bókakjallarinn

▸*Ich hätte gern ein Buch von Arnaldur Indriðason.*
Ég ætla að fá bók eftir Arnald Indriðason.
jäɣ ai^{h}tla a fau bouk äftir Ardnald Indriða·son

▸*Dieser Bestseller wurde zum Buch des Jahres gewählt.*
Þessi metsölubók var valin bók ársins.
þässi mät·sölü·bouk war walin bouk aursins

▸*Haben Sie englische | deutsche Bücher?*
Áttu til enskar | þýskar bækur?
au^{h}ttü til änskar | þi:skar baikür

▸*Gibt es eine englische | deutsche Übersetzung dieses Werks?*
Er til ensk | þýsk þýðing á verkinu?
är til änsk | þi:sk þi:ðiŋg au wärkinü

▸*Ich suche einen Roman | ein Kinderbuch | einen Krimi.*
Ég er að leita að sögu | barnabók | glæpasögu.
jäɣ är a läita a söɣü | bardna·bouk | glaipa·söɣu

▸*Wo finde ich hier Sachbücher? Ich suche ein Kochbuch.*
Hvar finn ég fræðibækur? Ég er að leita að matreiðslubók.
kwar finn jäɣ fraiði·baikür. jäɣ är a läita a mat·räislü·bouk

▸*Haben Sie ein Buch über isländische Märchen?*
Áttu bók um íslensk ævintýri?
au^{h}ttü bouk üm i:slänsk aiwin·ti:ri

▸*Gibt es das Buch als Taschenbuch?*
Er bókin til sem kilja?
är boukin til säm kilja

Ich hätte gern (ein/e/n) ...	Ég ætla að fá ...	jäg ai^{h}tla a fau ...

Die folgenden Wörter stehen wiederum in der richtigen Form:

Ansichtskarten	póstkort	poust·kort
Bleistift	blýant	bli:ant
Briefumschläge	umslög	üm·slöɣ
Filzstifte	tússpenna	tus·pänna
Kalender	dagatal; almanak	daɣa·tal; almanak

Klebstoff	lím	li:m
Kugelschreiber	kúlupenna	ku:lü·pänna
Landkarte	landakort	landa·kort
Mitbringsel	smágjöf; gjafavöru	smau·gjöw; gjawa·wörü
Notizbuch	vasabók	wasa·bouk
Papier	pappír	pa^{h}ppir
Radiergummi	strokleður	strok·läðür
Schreibblock	blokk	blo^{h}kk
Schreibwaren	ritföng	rit·föiŋg
Spitzer	yddara	iddara
Stadtplan	götukort	götü·kort
Taschenbuch	kilju	kiljü
Wörterbuch	orðabók	orða·bouk
Zeitschrift	tímarit	ti:ma·rit
Zeitung(en)	blað; blöð	blað; blöð

Tabakwaren (tóbaksvörur)

Zigaretten und Tabakwaren kauft man in Island meist im Supermarkt an der Kasse. Personen ab 18 Jahren können bei Ankunft am Flughafen oder auf der Fähre bis zu 200 Zigaretten oder 250 g Tabak zollfrei einkaufen. In öffentlichen Gebäuden und Gaststätten gilt wie bei uns allgemeines **Rauchverbot**.

Und auch diese Wörter stehen bereits in der richtigen Form:

Feuerzeug	kveikjara	kwäikjara
Pfeife	pípu	pi:pü
Pfeifenreiniger	pípuhreinsara	pi:pü·hräinsara
Pfeifentabak	píputóbak	pi:pü·toubak
Streichholzschachtel	eldspýtnastokk	äld·spi:tna·sto^{h}kk

Schnupftabak	snúss	snuss
Tabak	tóbak	toubak
Zigaretten	sígarettur	si:garä^{h}ttür
E-Zigarette	rafmagns-sígarettu	raw·mags·si:garä^{h}ttü
Liquids	vökvar	wö:kwar
Päckchen	sígarettupakka	si:garä^{h}ttü·pa^{h}kka
Stange	karton af sígarettum	karton aw si:garä^{h}ttüm
Zigarren	vindla	windla

▸*Rauchen verboten!*
Reykingar [eru] bannaðar!
räikiŋgar [ärü] bannaðar

▸*Darf ich | man hier rauchen?*
Má ég | maður reykja hér?
mau jäɣ | maðür räikja chjär

▸*Ich bin Nichtraucher.*
Ég reyki ekki.
jäɣ räiki ä^{h}kki

Die bekannteste Einkaufsstraße in Reykjavík: Laugavegur

Kultur erleben

Sehenswerte Gebäude & Plätze 103

Kino, Musik & Theater 108

Museen & Co. 112

Viele Isländer sind oder verstehen sich als Kulturschaffende, sei es in Literatur, Musik oder bildenden Künsten. Dementsprechend viel gibt es in der Hauptstadt Reykjavík zu entdecken. Und es lohnt sich, auf Entdeckungstour zu gehen! Neben berühmten Museen, international erfolgreichen Musikern und prominenten Gebäuden bieten Straßen, Bars und das weitläufige Hafenviertel ein Forum für **aufstrebende Künstler** jeder Ausrichtung. Gratis oder gegen meist kleines Eintrittsgeld können Lesungen, Konzerte und Ausstellungen besucht werden, die spannende Verknüpfungen von isländischer Tradition und internationalen Einflüssen bieten. Der *Reykjavík Grapevine*, als frei ausliegende Zeitung oder unter **grapevine.is**, listet regelmäßig einige dieser Veranstaltungen. Infos gibt es aber kurzfristig auch in den sozialen Netzwerken oder durch Aushänge in der Stadt. Erste Infos, einfache Stadtpläne oder Flyer zu umliegenden Sehenswürdigkeiten erhalten Sie in Ihrer Unterkunft; die zentrale **Touristeninformation** ist im Rathaus (**visitreykjavik.is**).

Erfahrungsgemäß gibt es allerlei Geheimtipps für Veranstaltungen, die bisweilen fast den Charakter einer geschlossenen Gesellschaft haben. Der Zugang zu Erlebnissen abseits etablierter Routen läuft für Außenstehende nicht zuletzt über die Sprache: Wer sich als 'wahrer Freund' der isländischen Kultur zu erkennen gibt, indem er sich mit einigen Sätzen auf Isländisch aktiv seinen Weg durch das Angebot der Stadt bahnt, der hat gute Chancen, manche positive Überraschung zu erleben, nicht zuletzt, weil nach wie vor nicht alle Ankündigungen ins Englische übersetzt werden. Probieren Sie es einmal aus! Und lassen Sie sich auf jeden Fall einige Tage Zeit in der Stadt und erkunden Sie diese zu unterschiedlichen Tages- und Nachtzeiten! Die Innenstadt ist übrigens bequem zu Fuß zu erleben; die verwinkelte Baustruktur ermöglicht diverse Touren, zumal viele Sehenswürdigkeiten nur wenige Minuten auseinander liegen. Lohnen kann sich auch die **Reykjavík City Card**, die für bis zu 72 Stunden die kostenlose Nutzung der Stadtbusse erlaubt und weitere Vergünstigungen, z.B. bei Museumsbesuchen, bietet (**visitreykjavik. is/city/reykjavik-city-card**).

Sehenswerte Gebäude & Plätze

Reykjavík ist eine verwinkelte Stadt, die sich über eine weite Fläche erstreckt, weil lange Zeit nicht in die Höhe, sondern in die Breite gebaut wurde. Mittlerweile ist der ältere Stadtkern von diversen modernen Bauten durchzogen, wird überall um- und angebaut, und das unregelmäßige Straßennetz mit seinen Gassen und Durchgängen tritt dadurch umso deutlicher in Erscheinung. Es gibt viele mögliche Spaziergänge durch die Innenstadt, bei denen man sich aber immerhin an einigen prominenten Gebäuden orientieren kann.

Von fast jedem Punkt der Stadt aus sehen Sie deren Wahrzeichen, die wuchtige **Hallgrímskirkja** (Foto), mit knapp 75 Metern Turmhöhe die größte Kirche Islands; benannt ist sie nach dem isländischen Kirchenlieddichter *Hallgrímur Pétursson* (1614–1674). Von den meisten Hotels der Innenstadt ist sie mit einem kleinen Spaziergang erreichbar und eignet sich daher gut als Treff- und Ausgangspunkt für Stadterkundungen. Geplant bereits in der ersten Hälfte des 20. Jahrhunderts, wurde der Bau erst 1986 abgeschlossen. Anfang der 1990er Jahre wurde die imposante Orgel eingeweiht, die in Bonn gebaut wurde. Kantor ist seit über drei Jahrzehnten *Hörður Áskelsson*; die von ihm gegründeten **Kirchenchöre** haben mittlerweile zahlreiche internationale Preise gewonnen. Das ganze Jahr hindurch finden in Hallgrímskirkja Konzerte und kleine Ausstellungen statt. Deren Besuch können Sie bestens mit einer Fahrt zur Aussichtsplattform des Kirchturms verbinden, von der aus Sie einen wunderbaren Panoramablick über Stadt und Umland haben. Das äußere Design des Turms ist übrigens Basaltsäulen nachempfunden.

Direkt vor der Kirche steht die Statue von Leifur Eiríksson, Sohn Eiríks des Roten. Mittelalterliche Texte erzählen, dass Leifur um das Jahr 1000 bis zum nordamerikanischen Kontinent gesegelt sei; dortige archäologische Funde haben die zeitweise Anwesenheit von Skandinaviern zu dieser Zeit bestätigt. Die Statue wurde dem Land 1930 von den USA geschenkt, anlässlich der 1.000-Jahr-Feier seit Gründung des Allthing in Island um 930.

Von der Kirche aus sehen Sie in einigen Laufminuten Entfernung das Meer. Das Wahrzeichen hier ist Harpa (Foto), der kantige Glasbau, das Konzerthaus in Reykjavík. Das erste Konzert wurde 2011 gegeben. Die Fertigstellung des modernen Baus wurde für viele Isländer zum Symbol des Aufschwungs nach der Finanzkrise 2008, doch das gewaltige Bauloch neben Harpa zeugt von den noch nicht überwundenen Folgen einer gewissen Gigantomanie: Hier sollte ein Luxushotel mit direktem Zugang zum Konzerthaus entstehen ... Der Eintritt in das Gebäude ist frei, regelmäßig gibt es Führungen durch die hochmodernen Säle. Falls Sie mit dem Auto unterwegs sind: Unter Harpa ist eine geräumige Tiefgarage!

Nicht weit von Harpa entfernt, direkt am Wasser, ist Sólfar (Foto), die *Sun Voyager*, eine an einem Wikingerschiff orientierte Skulptur aus Edelstahl, die *Jón Gunnar Árnason* 1990 anfertigte. Vielleicht haben Sie Glück und erleben dieses moderne Schiff in einem der wenigen Momente, in dem es nicht von Touristen geentert ist ...

Generell ist das **Hafengebiet** eine sich stark entwickelnde Gegend in Reykjavík. Einerseits dient es weiterhin als Anlandemöglichkeit für Schiffe jeder Art (Foto), bietet auch ein rege genutztes Trockendock sowie allerlei Gebäude, in denen etwa Fisch verarbeitet wird. Andererseits sind viele der ehemaligen Lagerhallen mittlerweile an Geschäftsleute vermietet, die dort (meist hochpreisige) Waren anbieten, seien es Lebensmittel oder Designermode. Auch immer mehr moderne Wohnkomplexe entstehen hier. Eine Erkundungstour ist diese Gegend mit dem sprechenden Namen *Fiskislóð*, Fischpfad, zu jeder Jahreszeit wert, nicht zuletzt, weil hier die berühmteste Eisdiele der Stadt, *Valdís*, liegt. Aber auch eine Verlagsbuchhandlung, ein Schokoladenhersteller sowie ein von Schweizern geführtes japanisches Café liegen hier; nicht zu sprechen von *Kaffivagninn*, dem gemütlichen Fischrestaurant.

Wenn Sie vom Hafen zurück Richtung Kirche steuern, kommen Sie vermutlich an **Ingólfstorg** vorbei, wo zwei rauchende Steinsäulen an *Ingólfur Arnarsons* Landnahme vor über 1.100 Jahren erinnern (siehe die Einführung). Nur wenige Gehminuten vom Ingólfstorg entfernt, wiederum auf dem Weg von oder nach Hallgrímskirkja, ragt auf einem Grashügel dann die **Statue von Ingólfur** empor; hier finden immer wieder Live-Auftritte von Musikern statt und hier war auch das Open-Air-Viewing bei der Fußball-Europameisterschaft 2016.

Wenn Sie die erhöht liegende Kirche am Ende der Einkaufsstraße nun links liegen lassen, dann stehen Sie gleich vor **Tjörnin** (Foto nächste Seite), dem großen, künstlich angelegten Weiher, auf dem sich eine Vielzahl an Wasservögeln das ganze Jahr hindurch beobachten lassen – obwohl der Teich im Winter komplett zufriert und dann (vorsichtig) begehbar ist.

Direkt an Tjörnin liegen das moderne Rathaus (Ráðhús) sowie das Parlamentsgebäude (Alþingishúsið), das bereits 1880 errichtet wurde; vor diesem Gebäude fanden in jüngerer Zeit die zahlreichen Demonstrationen statt, die im Ausland kurzzeitig mediale Aufmerksamkeit erregten. Im Rathaus ist auch die zentrale Touristeninformation.

Von Tjörnin wiederum sind es nur einige Minuten zum Universitätscampus, auf dem in den letzten Jahren zahlreiche neue Gebäude entstanden sind (siehe das Kapitel "Studium & Arbeit" ab S. 203). Hier liegt u.a. auch Norræna húsið, das Nordische Haus, mit einer auf skandinavische Literatur spezialisierten Bücherei, und beliebter Veranstaltungsort für Vorträge und Aufführungen. Vom Universitätsgelände sehen Sie stets das wuchtige Saga Hotel, das von außen einen etwas altbackenen Eindruck macht, innen aber mit 5-Sterne-Komfort punkten kann. Vom Campus in einigen Minuten erreichbar (und ausgeschildert) ist übrigens Vesturbæjarlaug, ein kleines Außenschwimmbad mit mehreren Hotpots; obwohl der Zahn der Zeit an diversen Stellen genagt hat, erfreut sich dieses Bad nach wie vor großer Beliebtheit.

Saga Hotel und Hallgrímskirkja dienen auch nach einem Besuch des Schwimmbads als verlässliche Wegweiser zurück in die Innenstadt, wiederum an Tjörnin vorbei. Hier gibt es natürlich noch viel mehr zu entdecken, es locken täglich u.a. Kino, Theater und Konzerte sowie zahlreiche Ausstellungen. Einiges davon stellen wir Ihnen auf den folgenden Seiten vor!

▸ *Wo ist hier die Touristeninformation?*
Hvar er upplýsingamiðstöð ferðamanna?
kwar är ü^{h}pp·lisiŋga·mið·stöð färða·manna

▸ *Welche Sehenswürdigkeiten gibt es in der Nähe?*
Hvað er athyglisvert að sjá hér í nágrenninu?
kwað är atiglis·wärt a sjau chjär i: nau·gränninü

▸ *Können Sie mir das auf dem Stadtplan zeigen?*
Getur þú sýnt mér það á kortinu?
gjätürðü si:nt mjär það au kortinü

Wortliste Spaziergang durch die Stadt

Bücherei	bókasafn *n*	bouka·sabn
Denkmal	minnismerki *n*	minnis·märki
Friedhof	kirkjugarður *m*	kirkjü·garðür
Galerie	gallerí *n*	galleri
Gebäude	bygging *f*	bigging
Hafen	höfn *f*	höbn
Hotel	hótel *n*	houtel
Innenstadt	miðbær *m*	mið·bair
Kirche	kirkja	kirkja
Kirchturm	kirkjuturn *m*	kirkjü·türdn
Kino	bíó *n*	bi:ou
Konzerthalle	Harpa *f*	harpa
Museum	safn *n*	sabn
Parlament	Alþingishúsið *n*	al·þiŋgis·hu:sið
Rathaus	ráðhús *n*	rauð·hu:s
Statue	stytta *f*	sti^{h}tta
Theater	leikhús *n*	läik·hu:s
Universität	háskóli *m*	hau·skouli

Kino, Musik & Theater

Vor allem Reykjavík bietet das ganze Jahr über ein reiches Programm an Aufführungen, sei es im Konzerthaus Harpa, im Isländischen Nationaltheater (*Þjóðleikhúsið*), dem Stadttheater (*Borgarleikhúsið*) oder einem der zahlreichen Kinos. Während u.a. Háskólabíó an der Universität sowie Smárabíó im Einkaufszentrum *Smáralind* vor allem die so genannten Blockbuster zeigen, hat sich Bíó Paradís in der Innenstadt auf Independentfilme und Klassiker spezialisiert; überall gibt es neben Einzeltickets auch Mehrfach- oder Zeitkarten zu kaufen, ungefähr zu deutschen Preisen. Filme sind nie synchronisiert.

Bei Menningarnótt stehen bekannte Bands auf der Bühne (hier: Skálmöld)

Große Konzerte finden natürlich vor allem in Harpa statt; der Eintrittspreis variiert von durchschnittlich 15 bis 50 Euro, je nach Veranstaltung und Sitzplatz; Tickets können am Schalter oder online unter **tix.is** gebucht werden. Das musikalische Angebot in Harpa ist umfangreich, fast jeden Tag können Sie hier verschiedensten Musikrichtungen lauschen. Auch zahlreiche Bars und Clubs in der Innenstadt veranstalten jede Woche Livemusik-Events, teils mit bekannten Bands, teils mit Newcomern, mal kostenlos, mal gegen meist geringes Eintrittsgeld. Vor allem freitags und samstags, wenn viele Bars bis in die frühen Morgenstunden geöffnet haben, beginnen solche Veranstaltungen oft erst gegen Mitternacht. Getanzt wird prinzipiell einfach dort, wo gerade Platz ist (was nachts in Bars allerdings kaum der Fall ist).

Über das Jahr verteilt gibt es zudem zahlreiche groß angelegte Sonderveranstaltungen. Ende März/Anfang April z.B. das Reykjavík Blues Festival (**blues.is**), ausgerichtet durch *Blúsfélag*

Reykjavíkur, mit Musikern aus Europa und Nordamerika. Im August findet tagsüber und abends an verschiedenen Stätten das zweiwöchige Reykjavík Jazz Festival statt (**reykjavikjazz.is**). Ebenfalls im August, an einem Samstag, findet dann von morgens bis in den späten Abend eines der überhaupt größten Kulturfestivals Islands statt: Menningarnótt, mit über hundert Konzerten, Kunstausstellungen, Workshops und Aufführungen (**menningarnott.is**). Das wohl größte Musikfestival ist im November Iceland Airwaves (**icelandairwaves.is**), mit oft mehr als zweihundert Bands und Musikern aus dem In- und Ausland sowie rund fünfzig Konzerten in fünf Tagen, weitgehend im Stadtzentrum Reykjavíks; der Kartenvorverkauf beginnt bereits im Februar! Musik- und Volksfeste gibt es aber auch andernorts in Island, etwa das Metal- & Rockfestival Eistnaflug im Osten des Landes (**eistnaflug.is**) oder Þjóðhátíð í Eyjum, die jährliche Feier auf den *Vestmannaeyjar* (**dalurinn.is**). Es lohnt sich, das tagesaktuelle Angebot online zu prüfen, etwa auf der Seite des *Reykjavík Grapevine*: **grapevine.is**.

▸*Haben Sie einen Veranstaltungskalender?*
Áttu til viðburðadagatal?
au^{h}ttü til wið·bürða·daɣa·tal

▸*Welche Theaterstücke stehen heute auf dem Spielplan?*
Hvaða leikrit eru á dagskrá í dag?
kwaða läik·rit ärü au daɣ·skrau i: daɣ

▸*Wann beginnt die Veranstaltung | die Aufführung | der Film?*
Hvenær byrjar viðburðurinn | sýningin | myndin?
kwänair birjar wið·bürðürinn | si:niŋging | mindin

▸*Sind für heute Abend noch Plätze frei?*
Eru til laus sæti í kvöld?
ärü til löis saiti i: kwöld

▸*Können Sie mir eine | zwei | drei | vier Karte(n) besorgen ...*
Getur þú útvegað mér einn | tvo | þrjá | fjóra miða ...
gjätürðü u:t·wäɣað mjär äidn | two | þrjau | fjoura miða ...

... für heute Abend | für morgen?
... í kvöld | á morgun?
... i: kwöld | au morgün

... für das Theater | für das Konzert | fürs Kino?
... í leikhúsið | á tónleikana | í bíó?
... i: läik·hu:sið | au toun·läikana | i: bi:ou

▸*Was läuft heute im Kino? Möchtest du mit ins Kino gehen?*
Hvað er í bíó í kvöld? Viltu koma með í bíó?
kwað är i: bi:ou i: kwöld. wiltü koma mäð i: bi:ou

▸*Wieviel kostet ein Ticket für einen | zwei?*
Hvað kostar miðinn fyrir einn | tvo?
kwað kostar miðinn firir äidn | two

▸*Gibt es unterschiedliche Preise?*
Eru mismunandi verð?
ärü mis·münandi wärð

▸*Ist der Spielfilm synchronisiert?*
Er kvikmyndin talsett?
är kwik·mindin tal·sä^{h}tt.

▸*Nein, er hat englische Untertitel.*
Nei, hún er með enskum texta.
näi, hu:n är mä änsküm täxta

▸*Ich hätte gerne eine Karte für ... (Filmtitel).*
Ég ætla að fá miða á ...
jäɣ ai^{h}tla a fau miða au ...

▸*Ich hätte gerne eine Mehrfachkarte | Jahreskarte.*
Ég ætla að fá klippikort | árskort.
jäɣ ai^{h}tla a fau kli^{h}ppi·kort | aurs·kort

▸*Können Sie mir ein Konzert empfehlen?*
Getur þú mælt með einhverjum tónleikum?
gjätürðü mailt mä äin·kwärjüm toun·läiküm

▸*Ich höre am liebsten klassische Musik | ...*
Mér finnst mest gaman að hlusta á klassíska tónlist | ...
mjär finnst mäst gaman a hlüsta au klassiska toun·list ...

... Rock | Soul | Jazz | Blues | Folk | Metal.
... rokk | soul | [d]jass | blues | þjóðlög | þungarokk.
... rohkk | soul | djass | blu:s | þjouð·löɣ | þuŋga·rohkk

▸*Ich würde gern tanzen gehen. Gibt es eine Disco in der Nähe?*
Mig langar að dansa. Er hægt að fara á djammið hér?
miɣ lauŋgar a dansa. är haicht a fara au djammið chjär

Wortliste Kino, Konzert, Theater & Co.

Aushang	auglýsing *f*	öi·lisiŋg
Aufführung	sýning *f*	si:niŋg
Club, Disco	klúbbur *m*	klubbür
Eintrittskarte	miði *m*	miði
Kino	bíó *n*	bi:ou
Kinofilm	bíómynd *f*	bi:ou·mind
Konzert	tónleikar *m/pl*	toun·läikar
Musik	tónlist *f*	toun·list
Musiker	tónlistarmaður *m*	toun·listar·maðür
Regisseur	leikstjóri *m*	läik·stjouri
Sänger	söngvari *m*	söŋgwari
Schauspieler	leikari *m*	läikari
Spielfilm	kvikmynd *f*	kwik·mind
Tanz	dans *m*, ball *n*	dans, ball
Tänzer	dansari *m*	dansari
Theaterkunst	leiklist *f*	läik·list
Theaterstück	leikrit *n*	läik·rit
Veranstaltung	viðburður *m*	við·bürðür
unterhaltsame ~	skemmtun *f*	skämmtün

Museen & Co.

Einmal im Jahr, im Februar, zur *Vetrarhátið* (**vetrarhatid.is**), findet in Reykjavík die Museumsnacht (*Safnanótt*) statt, bei der bis in den späten Abend zahlreiche Museen ihre Türen kostenlos öffnen. Und beim seit 50 Jahren in der zweiten Maihälfte stattfindenden Reykjavík Arts Festival (**artfest.is**) stellen neben isländischen auch internationale Künstler in zahlreichen großen und kleinen Ausstellungen ihre Werke vor, darunter Zeichnungen, Malerei und Fotografie, aber auch plastische Kunst.

Natürlich gibt es auch zahlreiche Dauerausstellungen (nicht nur) in der Hauptstadt. In Reykjavík selbst ist Þjóðminjasafn, das Nationalmuseum neben der Universität (**thjodminjasafn.is**), ein Muss für jeden Kulturbeflissenen. Bereits 1863 gegründet, zeichnet es anhand zahlreicher archäologischer Funde und Rekonstruktionen ein lebendiges Bild der isländischen Vergangenheit seit den frühen Siedlern nach. Thematisch schließt sich erstens das Saga Museum in Hafennähe an (**sagamuseum.is**), in dem einige der größten Momente der isländischen Geschichte des Mittelalters mit lebensechten Figuren nachgestellt sind (Foto), und zweitens, neben Ingólfstorg, Landnámssýningin (**reykjavik871.is**), die Landnahmeausstellung – übrigens nicht zu verwechseln mit *Landnámssetur*, dem gemütlichen Landnahmemuseum in *Borgarnes*. Höhepunkt des Reykjavíker Museums ist ein ausgegrabenes Langhaus der Wikingerzeit, von etwa 930 n. Chr. Und dann ist da noch Safnahúsið, das Kulturhaus der Stadt (**safnahusid.is**), ebenfalls einige Minuten von Ingólfstorg entfernt, in dem auf mehreren Stockwerken die Geschichte Islands und Reykjavíks in Dauer- und Sonderausstellungen schlaglichtartig beleuchtet wird.

Unmittelbar neben Hallgrímskirkja liegt das Museum von Einar Jónsson (**lej.is**), das in den 1920er Jahren gebaut wurde, damals noch mehr oder weniger auf freiem Feld. Vor allem im Winter

sind die mythologisch inspirierten Skulpturen Einars im kleinen Museumspark eindrucksvoll (Foto). Weitere Skulpturen finden sich auch in der Sammlung von Ásmundur Sveinsson (1893–1982), der seine Ausbildung u.a. in Kopenhagen und Paris erhielt. Die Sammlung gehört heute zum Reykjavík Kunstmuseum, das 1973 gegründet wurde und sich auf drei Orte in der Stadt verteilt, mit einer Gesamtfläche von rund 3000 Quadratmetern (**artmuseum.is**). Das Hauptgebäude befindet sich im Hafengebiet, von Hallgrímskirkja aus in etwa zehn Minuten zu Fuß erreichbar. Listasafn Íslands, die Nationalgallerie, liegt am Ufer von Tjörnin. Oder wäre in der Nähe das Punk-Museum (**facebook.com/Bankastraeti0**) etwas für Sie?

▸ *Was für ein Denkmal ist das?*
Hvaða minnisvarði er þetta?
kwaða minnis·warði är þä^{h}tta

▸ *Wann kann ich die Ausstellung besichtigen?*
Hvenær get ég skoðað sýninguna?
kwänair gjät jäɣ skoðað si:niŋgüna

▸ *Wann gibt es eine Führung durch das Museum?*
Hvenær er leiðsögn um safnið?
kwänair är läið·sög üm sabnið

▸ *Wann öffnet | schließt das Museum?*
Hvenær opnar | lokar safnið?
kwänair o^{h}pnar | lokar sabnið

▸ *Das Museum ist heute geschlossen.*
Safnið er lokað í dag.
sabnið är lokað i: daɣ

▸ *Was kostet der Eintritt für einen | zwei | eine Familie?*
Hvað kostar miði fyrir einn | tvo | fjölskyldu?
kwað kostar miði firir äidn | two | fjöl·skildü

▸*Gibt es eine Ermäßigung für Kinder und Studenten | ...*
Er afsláttur fyrir börn og stúdenta | ...
är aw·slau^{h}ttür firir bördn o stu:denta | ...

... *Senioren | Rentner | Behinderte | Gruppen?*
... eldri borgara | eftirlaunamenn | fatlað fólk | hópa?
... äldri borgara | äftir·löina·männ | fa^{h}tlað foulk | houpa

▸*Die Ermäßigung gilt nur für Gruppen.*
Afslátturinn gildir aðeins fyrir hópa.
aw·slau^{h}ttürinn gildir að·äins firir houpa

▸*Ist der Eintritt frei?*
Er aðgangur ókeypis?
är að·gauŋgür ou·käipis

▸*Ist Fotografieren erlaubt?*
Má taka myndir hér?
mau taka mindir chjär

Wortliste Museum & Co.

Ausstellung	sýning *f*	si:niŋg
Bildhauer	myndhöggvari *m*	mind·höggwari
Eintritt	aðgangur *m*	að·gauŋgür
Eintritt frei!	Aðgangur ókeypis!	að·gauŋgür ou·käipis
Fotograf	ljósmyndari *m*	ljous·mindari
Fotografie	ljósmynd *f*	ljous·mind
Gemälde	málverk *n*	maul·wärk
Handschriften-sammlung	handritasafn *n*	hand·rita·sabn
Künstler	listamaður *m*	lista·maður
Maler	myndlistamaður *m*; listmálari *m*	mind·lista·maður; list·maulari
Malerei	myndlist *f*	mind·list
Skulptur	höggmynd *f*	högg·mind
Zeichnung	teikning *f*	täi^{h}kning

Durchs Land fahren

Unterwegs mit dem Auto 116

Panne & Unfall 125

Sehenswürdigkeiten im Land 129

Unterwegs mit dem Auto

Für Tagestouren reicht oft ein Kleinwagen.

Mit dem Auto lässt sich Island in einzigartiger Weise erfahren, egal ob Sie im höhergelegten Superjeep oder einem sparsamen Kleinwagen unterwegs sind; mit einem allradgetriebenen SUV treffen Sie aber meist die vernünftigste Wahl. Straßen in Island tragen ein- bis dreistellige Nummern; je kleiner die Nummer, desto wichtiger und im Winter besser betreut ist die Straße. Einmal um die Insel führt die so genannte **Ringstraße** (*Hringvegur*), rund 1.300 km. Straßen durchs Hochland (F-Straßen), teilweise auch Abschnitte von größeren Straßen, bestehen aus losem Schotter. Brücken sind teils nicht asphaltiert und einspurig. Die erlaubten 80 km/h auf Schotterstraßen sind meist illusorisch, besser die doppelte Fahrzeit einplanen; asphaltierte Straßen erlauben 90 km/h, in städtischen Gebieten 50 km/h. Es gilt **Licht- und Gurtpflicht**. Radarkontrollen sind vor allem auf vielbefahrenen Straßenabschnitten verbreitet. Wichtig: Bei doppelspurigem **Kreisverkehr** haben die innen fahrenden Fahrzeuge Vorfahrt! Autofahrer, die mit dem eigenen Auto reisen, brauchen die grüne Versicherungskarte oder eine entsprechende **Haftpflichtversicherung**. Ansonsten muss eine Versicherung direkt in Island erworben werden.

Auf der Ringstraße in die Ostfjorde ...

Bei **Mietwagen** (*bílaleigubíll*) ist meist eine Vollkaskoversicherung mit recht hohem Selbstbehalt inklusive; es empfiehlt sich daher eine Zusatzversicherung zum Ausschluss oder zur Reduzierung des Selbstbehaltes, aber auch diese Versicherung bezahlt keine Schäden, die z.B. beim Durchqueren eines Flusses entstehen können. Solche **Gewässerdurchquerungen** sowie Fahrten ins unbewohnte Hochland (nur im Sommer) erfordern einen Wagen mit Allradantrieb und ausreichender Bodenfreiheit sowie einen geübten Fahrer; wenn das Wasser mehr als knietief ist, sollte ein Gewässer grundsätzlich nicht durchfahren werden.

Tankstellen sind abends unterschiedlich lang geöffnet, da sie teilweise privat betrieben werden. Tankautomaten (*sjálfsali*) akzeptieren Banknoten ab 1.000 ISK und Kreditkarten mit PIN; EC-Karten machen oft Schwierigkeiten. Die Menüs solcher Tankstellen sind oft nur auf Isländisch; angeboten werden meist eine Sorte Benzin sowie Diesel. Man kann auch zu Beginn der Reise an Tankstellen eine **Tankkarte** für Automaten kaufen, muss damit aber im Netz desselben Anbieters bleiben; bei Mietwagen erhält man mit der Ausgabe des Wagens meist eine Rabattkarte für eine bestimmte Tankkette. Tankstellen bieten häufig auch diverse Reparaturdienste, einen kleinen Laden (*sjoppa*) oder einen (teuren) Supermarkt, Toiletten und einen Imbiss. Es gibt keine Tankstellen im Hochland, ein voller Tank ist hier Pflicht!

Die meisten **Verkehrsschilder** entsprechen den deutschen, aber Schilder mit rotem Rand haben einen gelben Hintergrund. Die **Zusatzzeichen** auf der folgenden Seite werden Ihnen je nach befahrener Gegend häufig begegnen, es ist gut, sie zu kennen.

Wichtige Zusatzzeichen bei Fahrten mit dem Auto

Stoppschild in 200 m

Gefahrenstelle in 200 m

Gefahr/Behinderung beidseitig

schmale Straße, auf Gegenverkehr achten

einspurig befahrbare Brücke

uneinsehbare Hügelkuppe

unfallträchtige Straße

schlechte Straße, langsam fahren

schlechte Straße, nur für Geländewagen

sehr schlechte Straße, nur Spezialfahrzeuge

Ende der ausgebauten Straße, Schotterweg

Wichtige Hinweise auf der Fahrt

(Brött) Brekka!	*(Gefährliches) Gefälle!*
Akið varlega!	*Vorsichtig fahren!*
Einkavegur!	*Privatweg!*
(Lífs-)Hætta!	*(Lebens-)Gefahr!*
Hálka!	*Straßenglätte!*
Öll umferð bönnuð!	*Jeglicher Verkehr verboten!*
Skafrenningur!	*Schneeverwehungen!*
Steinkast!	*Steinschlag!*
Vegurinn er (ó)fær!	*Straße ist (un)befahrbar!*
Vegurinn er lokaður | opinn!	*Straße ist gesperrt | offen!*
... fyrir alla umferð	*... für jeden Verkehr*
... vegna snjóa	*... wegen Schnee*

Ein Auto mieten

▸*Ich möchte einen Wagen mit Allradantrieb | einen Geländewagen.*
Ég ætla að fá leigðan bíl með fjögurrahjóladrifi | jeppa.
jäɣ ai^{h}tla a fau läiɣðan bi:l mä fjöɣürra·hjoula·driwi | jä^{h}ppa

▸*Ich möchte den Wagen mit Vollkasko.*
Ég vil fá bílinn með kaskótryggingu.
jäɣ wil fau bi:linn mä kaskou·triggiŋgü.

▸*Was kostet der Wagen pro Tag | für eine Woche?*
Hvað kostar bíllinn á dag | í eina viku?
kwað kostar bi:dlinn au daɣ | i: äina wiku

▸*Kann ich den Wagen hier mitnehmen und am Flughafen abgeben?*
Er hægt að taka bílinn hér og skila honum út á flugstöð?
är haicht a taka bi:linn chjär o skila honüm u:t au flüɣ·stöð

▸*Sind in dem Preis Steuern und Versicherung inbegriffen?*
Er söluskattur og trygging innifalin í þessu verði?
är sölü·ska^{h}ttür o triggiŋg inni·falin i: þässü wärði

Wortliste Mietwagen

(mit) Automatik	sjálfskiptur	sjaulf·skiftür
Kaskoversicherung	kaskótrygging *f*	kaskou·triggiŋg
Klimaanlage	loftkæling *f*	loft·kailiŋg
Mietkonditionen	leiguskilmálar *m/pl*	läiyü·skil·maular
Mindestalter	lágmarksaldur *m*	lau·marks·aldür
Navi	leiðsögukerfi *n*	läið·söɣü·kärwi
Selbstbeteiligung	sjálfsábyrgðargjald *n*	sjaulfs·aubirðar·gjald
Zusatzversicherung	aukatrygging *f*	öika·triggiŋg
zweiter Fahrer	aukaökumaður *m*	öika·ökü·maðür

Wortliste Fahrt

Asphaltstraße	malbikuð gata *f*; malbikaður vegur *m*	mal·biküð gata; mal·bikaður wäɣür
Ausfahrt	útkeyrsla *f*	u:t·käirsdla
Baustelle	vegagerð *f*	wäɣa·gärð
Einbahnstraße	einstefnuakstur *m*	äin·stäbnü·akstür
Hauptverkehrsstaße	aðalgata *f*	aðal·gata
Kreuzung	krossgötur *f/pl*	kross·götür
Landstraße	þjóðvegur *m*	þjouð·wäɣür

Parkplatz	bílastæði *n*	bi:la·staiði
Parkverbot	bílastæði bönnuð	bi:la·staiði bönnüð
Privatweg	einkavegur *m*	äinka·wäɣür
Schotterstraße	malarvegur *m*	malar·wäɣür

Nach dem Weg fragen

▸ *Wo ist ... ?* Hvar er ... ? kwar är ...

▸ *Wo finde ich ... ?* Hvar finn ég ... ? kwar finn jäɣ ...

▸ *Wohin möchten Sie?*
Hvert ætlar þú?
kwärt ai^{h}tlarðü?

▸ *Wie komme ich dorthin?*
Hvernig kemst ég þangað?
kwärdni kjämst jäɣ þauŋgað

▸ *Ich habe mich verfahren, können Sie mir helfen?*
Ég keyrði vitlaust, getur þú hjálpað mér?
jäɣ käirði wit·löist, gjätürðü hjaulpað mjär

▸ *Fahren Sie rechts | links | geradeaus | zurück.*
Keyrðu til hægri | til vinstri | beint áfram | til baka.
käirðü til haiɣri | til winstri | bäint au·fram | til baka

Auch im isländischen Niemandsland gibt es noch Privatwege ...

▸ *Wissen Sie, ob die Straße nach ... befahrbar ist?*
Veistu hvort vegurinn til ... er ökufær?
wäistü kwort wäɣurinn til ... är ökü·fair

▸ *Kann ich ohne Allradantrieb durchfahren?*
Kemst ég í gegn án þess að vera með fjögurrahjóladrif?
kämst jäɣ i:gäg aun þäss a wära mä fjöɣürra·hjoula·driw

▸ *Wie weit ist es bis ... ?*
Hvað er langt til ... ?
kwað är lauŋt til ...

▸ *Ungefähr ... Kilometer*
Um það bil ... kílómetrar.
üm það bil ... ki:lou·mätrar

Tanken

▸*Wo ist die nächste Tankstelle?*
Hvar er næsta bensínstöð?
kwar är naista bänsin·stöð

▸*Ich möchte tanken | für 4.000 Kronen.*
Ég ætla að fá bensín | fyrir fjögurþúsund krónur.
jäɣ aihtla a fau bänsin | firir fjöɣür·þu:sünd krounür

▸*Ist hier Selbstbedienung?*
Er sjálfsafgreiðsla hér?
är sjaulfs·aw·gräisdla chjär

▸*Bitte volltanken | bitte 30 Liter.*
Fylla hann | þrjátíu litra, takk.
fidlann | þrjau·ti:ü litra, ta^{h}kk

▸*Kontrollieren Sie bitte Ölstand und Kühlwasser.*
Getur þú athugað olíuna og kælivatnið?
gjätürðü at·hüɣað oliüna o kaili·wa^{h}tnið

▸*Haben Sie einen Luftdruckmesser?*
Ertu með loftþrýstimæli?
ärtü mä loft·þristi·maili

Wortliste Tanken

Barzahlung	staðgreiðsla *f*	stað·gräisdla
Benzin	bensín *m*	bänsin
Diesel	dísil(olía) *f*	di:sil·(olia)
Öl	olía *f*	olia
Ölwechsel	olíuskipti *n*	oliü·skifti
(Kühl)Wasser	(kæli)vatn *n*	(kaili)wa^{h}tn
Super (95 Oktan)	níutíu og fimm	ni:ü·ti:ü o fimm
Super (98 Oktan)	níutíu og átta	ni:ü·ti:ü o au^{h}tta
Tankkarte	innkort *n*	inn·kort
Zapfsäule	bensíndæla *f*	bänsin·daila

Ein Wort zu ...

... Bußgeldern

Aufgrund der starken Devisenschwankungen sind die folgenden Zahlen nur Richtwerte. Die Promillegrenze liegt in Island immer bei 0,5 Promille, Alkohol am Steuer kostet ab 490 Euro, mit möglichem Fahrverbot; Geschwindigkeitsüberschreitungen ab 100 Euro (20 km/h zu schnell), ab 400 Euro (50 km/h zu schnell); Ampelverstoß 100 Euro; Überholverstoß ab 90 Euro; Falschparken ab 20 Euro; fehlender Sicherheitsgurt 70 Euro; Handy am Steuer ab 35 Euro (Quelle: ADAC 2016).

... Parkmöglichkeiten

Außerhalb von Ortschaften hat man meist keine Schwierigkeiten zu parken, aber bitte nicht wild in der Gegend und auch nicht mitten auf der Straße! Durchgezogene gelbe Linien am Straßenrand signalisieren absolutes Halteverbot, durchbrochene ermöglichen das Anhalten, aber nicht Parken. Es gibt ausgewiesene Parkplätze, oft auch im Gelände; Parkbuchten am Straßenrand (z.B. für kurze Fotostops) sind regelmäßig vorhanden.

Anders sieht es in Reykjavík und Akureyri aus. In einigen Straßen darf man gar nicht parken, und auch große Hotels bieten oft nicht ausreichend Parkplätze. Bei kleinen Parkstreifen vor Geschäften ist bisweilen das Ausfüllen eines Zettels notwendig (im Geschäft fragen), der zu 15 Minuten Parken berechtigt; andernorts werden oft Parkscheibe/-ticket verlangt. Kontrollen sind häufig. Beschwerlich für Behinderte: Es werden allein isländische Behindertenausweise akzeptiert (siehe das Kapitel "Behindert, krank, verletzt" ab S. 187).

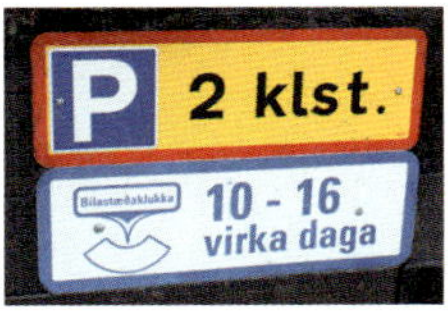

bílastæðaklukka	*Parkscheibe*
einkabílastæði	*Privatparkplatz*
stöðumælir	*Parkuhr*
tímamiði	*Parkschein*
Notið aðeins rétta mynt.	*Nur passendes Kleingeld einwerfen.*
Skjár sýnir greiddan tíma.	*Display zeigt die bezahlte Zeit.*

... Wohnmobilen und Wohnwagen

Wohnmobile, Wohnwagen, Camper oder Zeltanhänger mieten Sie am besten (auch über Ihr Reisebüro) vor Ort. Die Überführung vom Festland ist sehr teuer und zeitaufwendig. Zum Wortschatz siehe auch das Kapitel "Aktiv im Freien" (ab S. 137).

... Wagen waschen

Durch Staub auf unbefestigten Straßen werden die Autos oft extrem schmutzig, und durch Regen und Durchquerung von Furten bilden sich bald sehr deutliche Schmutzränder. Wenn Sie diese abenteuerliche Ästhetik stört, finden Sie in vielen Orten simple Waschplätze, an denen man den Wagen mit 'Wasserbesen' reinigen kann – kostenlos.

Außerhalb der Stadt kommt man sich in Island rasch klein vor ...

Panne & Unfall

Bei einer Panne oder im Schadensfall wenden Sie sich zunächst an Ihre *Autovermietung*; Telefonnummern und Infos finden Sie in Ihrem Mietvertrag. Tankstellen bieten teils kleinere Reparaturdienste. Bei Unklarheiten oder größeren Unfällen rufen Sie am besten immer die *Polizei*. Denken Sie daran, dass Sie im Hochland oft keinen Handyempfang haben und auf Hilfe längere Zeit warten müssen (vgl. auch die Hinweise ab S. 191).

Pannen im Hochland erfordern vor allem Geduld.

Polizei (*lögreglan*), Feuerwehr (*slökkvilið*) und Notarzt (*neyðarlæknir*) erreicht man unter der Telefonnummer **112**. Unter der Nummer **1778** erreicht man eine englischsprachige Auskunft zu Wetter- und Straßenbedingungen. Weitere Infos (u.a. interaktive Wetter- und Straßenkarten sowie aktuelle Webcam-Aufnahmen) auf **road.is** und **safetravel.is**, wo Sie auch Ihre Reiseroute online hinterlegen können.

▸*Ich habe kein Benzin mehr. Haben Sie einen Reservekanister?*
Bíllinn er bensínlaus. Ertu með varageymi?
bi:dlinn är bänsin·löis. ärtü mä wara·gäimi

▸*Können Sie mich zur nächsten Tankstelle abschleppen?*
Getur þú dregið bílinn til næstu bensínstöðvar?
gjätürðü dräijið bi:linn til naistü bänsin·stöðwar

▸*Haben Sie ein Abschleppseil?*
Ertu með dráttartaug?
ärtü mä drauhttar·töiɣ

▸*Wo bekomme ich Schneeketten?*
Hvar get ég fengið snjókeðjur?
kwar gjät jäɣ fäiŋgið snjou·käðjür

►*Ich habe eine Panne. Wo ist die nächste Werkstatt?*
Bíllinn minn er bilaður. Hvar er næsta verkstæði?
bi:dlinn minn är bilaður. kwar är naista wärk·staiði

►*Ich habe eine Reifenpanne.*
Það er sprungið hjá mér.
það är sprungið chjau mjär

►*Können Sie mir beim Reifenwechsel helfen?*
Getur þú hjálpað mér að skipta um dekk?
gjätürðü hjaulpað mjär a skifta üm dä^{h}kk?

►*Mein Auto springt nicht an.*
Ég get ekki startað bílnum.
jäɣ gjät ä^{h}kki startað bi:lnüm

►*Die Batterie ist leer. Können Sie sie laden?*
Batteríið er tómt. Getur þú hlaðið það?
ba^{h}tteri:ið är toumt. gjätürðü hlaðið það

►*Die Bremsen funktionieren nicht richtig.*
Bremsurnar eru ekki í lagi.
brämsüdnar ärü ä^{h}kki i:laiji

►*Ich glaube, etwas ist defekt | gebrochen | locker | undicht.*
Ég held að eitthvað sé bilað | brotið | laust | óþétt.
jäɣ häld a äi^{h}tt·kwað sjä: bilað | brotið | löist | ou·þä^{h}tt

►*Kann ich trotzdem noch weiterfahren?*
Get ég samt keyrt áfram?
gjät jäɣ samt käirt au·fram

►*Wie lange wird es dauern?*
Hvað tekur það langan tíma?
kwað täkür það lauŋgan ti:ma

►*Was wird es kosten?*
Hvað mun þetta kosta?
kwað mün þä^{h}tta kosta

►*Geben Sie mir bitte eine detaillierte Rechnung.*
Viltu láta mig hafa nákvæman reikning.
wiltü lauta miɣ hawa nau·kwaiman räi^{h}kniŋg

►*Ich habe einen Unfall gehabt | gesehen. - Wo?*
Ég lenti í slysi | ég sá slys. - Hvar?
jäɣ länti i: slisi | jäɣ sau slis - kwar

►*Der Wagen hat sich überschlagen. Er ist kaputt.*
Bíllinn fór út af. Hann er bilaður.
bi:dlinn four u:t aw. hann är bilaðür

►*Mehrere sind verletzt | bewusstlos.*
Fleiri meiddust | eru meðvitundarlaus.
fläiri mäiddüst | ärü mä·witündar·löis

►*Einer, eine ist verletzt | bewusstlos.*
Einn, ein meiddist | er meðvitundarlaus.
äidn, äin mäiddist | är mä·witündar·löis

►*Rufen Sie die Polizei | den Rettungsdienst | die Feuerwehr!*
Kallaðu á lögregluna | björgunarsveitina | slökkviliðið!
kadlaðü au lög·rägglüna | björgünar·swäitina | slö^{h}kkwi·liðið

Wortliste Autowerkstatt

Abschleppseil	dráttartaug *f*	drau^{h}ttar·töiɣ
Anlasser	startari *m*	startari
Auspuff	púströr *n*	pust·rör
Automatik	sjálfskipting *f*	sjaulf·skiftiŋg
Batterie	rafgeymir *m*; batterí *n*	raw·gäimir; ba^{h}tteri:
Blinker	stefnuljós *n*	stäbnü·ljous
Bremse(n)	bremsa, bremsur *f* (*pl*)	brämsa, brämsür
Bremslicht(er)	bremsuljós *n* (*pl*)	brämsü·ljous
Ersatzreifen	varadekk *m*	wara·dä^{h}kk
Gangschaltung	gírskipting *f*	gi:r·skiftiŋg
Gaspedal	bensíngjöf *f*	bänsin·gjöw
Getriebe	drif *n*	driw
Keilriemen	reim *f*	räim
Kühler	kælari *m*	kailari

Nach mancher Fahrt ist ein anschließender Werkstattcheck sinnvoll ...

Kühlwasser	kælivatn *n*	kaili·wa^{h}tn
Kupplung	kúpling *f*	ku:^{h}pliŋg
Lichtmaschine	rafall *m*	rawadl
Motor	vél *f*	wjäl
Rad(kappe)	hjól(koppur) *n* (*m*)	hjoul·ko^{h}ppür
Reifen	dekk *n/pl*	dä^{h}kk
Reparatur	viðgerð *f*	wið·gjärð
Scheibenwischer	rúðuþurrkur *f/pl*	ru:ðü·þürkür
Schneeketten	snjókeðjur *f/pl*	snjou·käðjür
Sicherheitsgurt	bílbelti *n*	bi:l·bälti
Startkabel	startkapall *m*	start·kapadl
Stoßdämpfer	dempari *m*	dämpari
Stoßstange	stuðari *m*	stüðari
Tacho	hraðamælir *m*	hraða·mailir
Vergaser	blöndungur *m*	blönduŋgür
Warndreieck	viðvörunarmerki *n*	wið·wörünar·märki
Zündkerze	rafkerti *m*	raw·kärti
Zylinder	strokkur *m*	stro^{h}kkür

Sehenswürdigkeiten im Land

Viele Menschen kommen nach Island, um Natur und Landschaft zu genießen. In den letzten Jahren hat sich aber vieles geändert. Die Zeiten, in denen die Urlauber nur in den kurzen Sommermonaten von Juni bis August anreisten, sind vorbei: 2016 haben rund 1.800.000 Touristen aus aller Welt die Insel besucht, fast sechs Mal so viele, wie Island Einwohner hat. Immer mehr Reiseanbieter und Fluggesellschaften setzen darauf, Island ganzjährig attraktiv zu machen, vor allem mit dem beliebten **Golden Circle**: Als Tagesfahrt von Reykjavík aus gut machbar, bietet diese Tour den spektakulären Wasserfall *Gullfoss*, Goldwasserfall, *Þingvellir*, die Thingebene, sowie ein Geothermalgebiet mit dem nicht mehr wirklich aktiven *Geysir*, der allen Springquellen der Welt ihren Namen gab, und *Strokkur*, der sein Wasser alle paar Minuten bis zu 30 Meter hoch in die Luft schleudert. **Hringvegur** – die Ringstraße –, der einmal ums Land führt, ist mittlerweile fast durchgehend asphaltiert, und vielleicht wird irgendwann selbst die Durchquerung des Hochlandes kein Abenteuer mehr sein, wenn feste Brücken sämtliche Furten überspannen.

Die stark angestiegene Zahl an Touristen und das Verlangen mancher Unternehmen, den Gewinn immer weiter zu steigern, hat allerdings in einigen Fällen zu Einbußen bei der Sicherheit geführt; im Januar 2017 etwa wurden zwei australische Touristen von einem isländischen Outdoorunternehmen bei schlechtem Wetter auf dem Gletscher *Langjökull* schlicht 'vergessen', konnten aber glücklicherweise später von einem Rettungstrupp lebend geborgen werden. Bevor Sie eine (teure) Tour buchen, informieren Sie sich also am besten im Internet über **aktuelle Bewertungen einzelner Unternehmen**.

Mit dem eigenen Auto oder Leihwagen lässt sich aber rund um Island auch auf eigene Faust viel entdecken! Auf den folgenden Seiten können wir nur eine kleine Auswahl an lohnenden Zielen – und einige Sicherheitshinweise – bieten (siehe auch das Kapitel "Sicher bei Wind & Wetter" ab S. 45).

In modernen Navigationsgeräten sollten die meisten der genannten Orte und Stellen verzeichnet sein; wir geben Ihnen hier aber auch einige **GPS-Koordinaten**, über die Sie ans Ziel kommen: Die ersten Zahl ist der Breitengrad, die zweite der Längengrad.

Entlang der Ringstraße: Süden, Osten, Norden & Westen

Der ganze Süden Islands ist eine beliebte Ausflugsgegend, weil mit dem Auto von Reykjavík aus bequem erreichbar. Nehmen Sie sich aber genug Zeit, die Strecke gen Osten zieht sich!

Die bekanntesten Wasserfälle im Süden sind **Seljalandsfoss** (63,615623° | -19,988569°) und **Skógafoss** (63,532052° | -19,511371°), die immer einen (feuchten) Besuch wert sind. Weiter die Ringstraße entlang, an der Südspitze, liegt dann ein eindrucksvolles, schroffes und von Mythen umranktes Felsengebiet mit **Dyrhólaey** (Foto), **Reynisfjara** (63,40574° | -19,071619°) und **Reynisdrangar**; es ist aber auch eines der gefährlichsten Gebiete in Island, in dem es jedes Jahr zu tödlichen Unfällen kommt.

Spektakulär, aber lebensgefährlich: die Felsküste im Süden Islands

Hier liegt übrigens auch der kleine Ort **Vík í Mýrdal** (63,418632° | -19,006048°), der zu einigen Spaziergängen in der Umgebung einlädt und zudem Tankstelle und Restaurant bietet.

Folgen Sie der Ringstraße weiter, dann lohnt sich auf jeden Fall ein Abstecher in den *Skaftafell*-Nationalpark mit **Svartifoss**, dem Wasserfall, der sich über schwarze Basaltsäulen ergießt (Foto); mit dem Auto kommen Sie allerdings nur bis zum Parkplatz (64,016788° | -16,983572°), danach wartet noch ein längerer Fußmarsch! Einfacher zu erreichen und daher stets von Touristen umlagert, ist ein Stück weiter dann die berühmte Gletscherflusslagune, **Jökulsárlón** (64,078446° | -16,230554°), auf der auch im Sommer Eisberge treiben – dementsprechend kalt ist es hier. Per Boot kann man einen Trip quer über die Lagune machen; Selfies auf Eisschollen sind hingegen nicht empfohlen, zumal die Eisberge in steter Bewegung Richtung offenes Meer sind.

Größter Ort im Südosten Islands ist **Höfn** (64,249703° | -15.202008°), am Fuße des gewaltigen **Vatnajökull** (Foto); einer von zwei Orten an der Südküste, der einen größeren Hafen hat. Natürlich bietet sich hier die Gelegenheit, den riesigen Gletscher zu bewundern, der den ganzen Südosten der Insel prägt! Ein Besuch in *Höfn* lohnt für Erfrischungen, Tanken oder Unterkunft, bevor es dann in die **Ostfjorde** geht. Diese zerfurchen malerisch den Osten der Insel, und es lohnt sich, hier die Ringstraße zu verlassen, um zumindest einen Tag die Küste entlangzufahren; auf dem Weg liegt **Seyðisfjörður** (65,259849° | -14,010116°), wo u.a. die Fähre aus Dänemark anlandet.

Die gewaltigen Ausmaße des Vatnajökull können vom Boden aus kaum erahnt werden

Der Nordosten Islands ist nicht von der Ringstraße erschlossen, bietet aber ein eindrucksvoll raues Küstenpanorama

Direkt an der Ringstraße liegt die größte Stadt des Ostens, **Egilsstaðir** (65,266874° | -14,394847°) – nach deutschem Maßstab eher ein Dorf, das aber einige Supermärkte und einen kleinen Flugplatz mit Direktverbindung nach Reykjavík bietet. Die Ringstraße führt dann bald wieder Richtung Westen und schneidet damit den gesamten Nordosten der Insel gleichsam ab; wenn Sie Zeit haben, empfehlen wir aber einen Abstecher in diese raue Gegend. Der nördlichste Ort ist **Raufarhöfn** (66,452774° | -15,948684°), nur wenige Kilometer südlich des Polarkreises!

Ein bisschen weiter nach Westen und wieder ins Landesinnere hinein liegt das **Mývatn**-Gebiet, mit dem berühmten namengebenden See (65,60386° | -16,996105°), der sich über rund 37 km² erstreckt. Das gesamte Gebiet ist ein Naturreservat und berühmt für seine Lavaformationen. Es lohnt sich, mehrere Tage für diese Gegend einzuplanen, nicht nur weil mit **Dettifoss** (65,814666° | -16.384576°) und **Goðafoss** (65,682778° | -17,550192°) zwei der berühmtesten Wasserfälle im Umland liegen, sondern auch, weil das spektakuläre Geothermalgebiet u.a. ein tolles Freibad, **Jarðböðin**, (65,375000° | -16,505200°) bietet, das der (total überfüllten) *Blauen Lagune* bei Reykjavík nicht nachsteht. Auch die **Dimmuborgir** (65,595491° | -16,920384°) liegen hier, in deren bizarren Felsformationen man immer wieder riesige Gesichter zu erkennen glaubt (Foto).

Im Norden Islands lohnen sich natürlich Fahrten nach Húsavík (66,044971° | -17,338344°), wo es ein tolles Walmuseum gibt, und nach Akureyri, Islands zweitgrößter Stadt, wo man gleich mehrere Tage verbringen kann; im Sommer ist u.a. der Botanische Garten (Foto) einen Besuch wert. Nördlich von Akureyri, im *Eyjafjörður*, liegt auch die Insel Hrísey (65,995361° | -18,383741°), nur per Fähre erreichbar und aufgrund ihrer Abgeschiedenheit ein Geheimtipp zur Erholung (nicht zu verwechseln mit *Grímsey* vor der Nordküste Islands!). Noch weiter im Norden, direkt an der Küste, liegt Siglufjörður (66,151175° | -18,911265°), ein Städtchen, an dessen Bedeutung zu Zeiten des Heringbooms noch heute ein hübsches Museum erinnert.

Südlich von Akureyri liegt dann der Eingang ins Hochlandgebiet Sprengisandur; für die Durchquerung mit geeignetem Fahrzeug bis in die Südhälfte Islands sollten Sie bei normalen Bedingungen etwa 10 Stunden Fahrzeit rechnen. Die Ringstraße führt aber natürlich um das Hochland herum und vorbei u.a. am Hvítserkur (65,606315° | -20,635672°), einem 15 Meter hohen Basaltfelsen vor der Küste, angeblich ein versteinerter Troll. Bald danach, im Nordwesten, beginnen dann bereits die Westfjorde, die allerdings ebenfalls nicht von der Ringstraße erschlossen sind. Das dortige Zentrum ist Ísafjörður (66,061106° | -23,18886°), ein Ort, der größtenteils auf einer künstlichen Sandbank mitten im Fjord liegt; laut mittelalterlichen Quellen kam der erste Siedler bereits im 10. Jahrhundert hierher. Übrigens gehen von Ísafjörður Direktflüge nach Reykjavík.

Die Westfjorde sind immer einen Abstecher wert; lassen Sie sich Zeit!

An der Westspitze von Snæfellsnes; rechts im Hintergrund: der Vulkan

Auf dem Weg nach Süden, zurück gen Reykjavík, lohnt auch die Halbinsel **Snæfellsnes** einen Besuch – nicht zuletzt liegt hier **Snæfellsnesjökull** (64,805702° | -23,773097°), der oft verschneite Vulkankegel, den *Jules Verne* als Eingang zum Mittelpunkt der Erde weltberühmt gemacht hat. Sehenswert sind im Süden der Halbinsel auch die schroffen Felsformationen. Die Ringstraße aber führt geradewegs nach Reykjavík zurück, erlaubt dann zum Schluss noch den **Golden Circle**, der den geschichtsträchtigen Nationalpark **Þingvellir** (64,255857° | -21,130362°), die Springquellen **Geysir** und **Strokkur** (64,312768° | -20,300518°, Foto unten) sowie den Wasserfall **Gullfoss** (64,327072° | -20,119948°) verbindet.

Kulturinteressierte sollten auch einen Abstecher zum nahegelegenen Ort **Reykholt** (64,66568° | -21,2871°) ins Auge fassen. Hier hatte der berühmte Dichter und Politiker *Snorri Sturluson* im 13. Jahrhundert sein Gehöft, und hier wurde er 1241 von Gefolgsleuten des norwegischen Königs erschlagen. **Snorrastofa** (**snorrastofa.is**) hat sich der Verwaltung und Aufbereitung dieses historischen Erbes vor Ort angenommen.

Natürlich gibt es entlang und auch abseits der Ringstraße noch viel mehr zu sehen. Wenn Sie bei Ihrer Fahrt durchs Land einmal nicht wissen sollten, welcher Abstecher sich lohnen könnte, dann fragen Sie in Ihrer Unterkunft nach *áfangastaðir fyrir dagsferð* [au·faunga·staðir firir daks·färð], nahen Ausflugszielen im Rahmen einer Tagesfahrt.

Alternativ könnten Sie Ihre Islandkarte studieren: Islands Orts-, Landschafts-, Berg- und Flussnamen sind nämlich häufig sprechend. Die Namen sind fast alle alt, stammen teils schon aus der Zeit der Besiedlung und sind weitestgehend unverändert geblieben. Nicht nur in der Erforschung des isländischen Mittelalters, sondern auch in der übersetzten Literatur ist es daher immer eine Frage, wie man mit solchen Namen umgeht. Übersetzt man sie in die andere Sprache, um dem Leser ihre Bedeutung zu erschließen, oder behält man sie bei, weil sie das Werk 'authentisch' machen? Nicht umsonst reiste manch großer Gelehrter der letzten Jahrhunderte nach Island und ritt von Ort zu Fluss und Hügel, bevor er an die Übersetzung der mittelalterlichen Isländersagas ging. Für alle, die schon einmal eine dieser großen und dramatischen Geschichten gelesen haben (ansonsten mal in den Anhang ab S. 228 schauen!), bieten sich **Touren auf den Spuren der Sagahelden** an, auch auf eigene Faust. Es kann ein merkwürdiges Gefühl sein, in den Orten und Höfen anzukommen, dieselben Flüsse zu überqueren, Berge und Gletscher zu sehen und Reitwege zu nutzen wie Romanfiguren vor 80 Jahren oder Sagaprotagonisten vor 800 Jahren! Wir haben hier als erste Hilfestellung einige sprechende Namensbestandteile zusammengestellt:

á	*Fluss*	Laxá, Hvítá
bakki	*Ufer*	Laugarbakki, Eyrarbakki
brú	*Brücke*	Hvítárbrú
bær	*Hof, Stadt*	Mosfellsbær, Garðabær
dalur	*Tal*	Kaldidalur, Hnífsdalur
ey	*Insel*	Flatey, Hrísey, Heimaey
eyri	*Sandbank*	Akureyri, Svalbarðseyri
fjall, fjöll	*Berg(e)*	Hverfjall, Jarpköllupollafjall
fjörður	*Fjord*	Breiðafjörður, Siglufjörður
foss	*Wasserfall*	Gullfoss, Dettifoss, Goðafoss
gjá	*Schlucht*	Almannagjá

heiði	*Hochfläche*	Hellisheiði
hellir	*Höhle*	Surtshellir
hlíð	*(Ab-)Hang*	Reykjahlíð
hólmur	*kleine Insel*	Stykkishólmur
hraun	*Lava*	Ódáðahraun, Hraunfossar
hver	*heiße Quelle*	Deildartunguhver, Hveragerðir
höfn, hafnar	*Hafen*	Þorlákshöfn, Hafnarfjörður
jökull	*Gletscher*	Vatnajökull, Eyjafjallajökull
laug	*warme Quelle*	Laugarvatn
lundur	*Wäldchen*	Bjarkalundur
mýri	*Moor*	Flugumýri
nes	*Landspitze*	Reykjanes, Seltjarnarnes
sandur	*Sandfläche*	Sprengisandur, Hellissandur
skarð	*Gebirgspass*	Vatnsskarð
skógur	*Wald*	Hallormsstaðaskógur
vatn	*Gewässer*	Mývatn, Vatnajökull
vík	*Bucht*	Reykjavík, Keflavík, Húsavík
vogur	*kleine Bucht*	Kópavogur
völlur, vellir	*Feld(er)*	Hvolsvöllur, Þingvellir

Kurzum: Seien Sie neugierig, egal wo und wie Sie auf Island gerade unterwegs sind! Im nächsten Kapitel erfahren Sie mehr zu einzelnen Outdooraktivitäten von Reykjavík aus oder auf Ihrer Rundreise um die Insel, sei es Angeln, Reiten oder Wandern, für ein paar Stunden, einen Tag oder gleich eine Woche.

Aktiv im Freien

Outdooraktivitäten (nicht nur) für einen Tag 140

Trekking & Wandern 154

Vom Campingplatz zum Ferienhaus 157

Outdooraktivitäten (nicht nur) für einen Tag

Mit der Verlängerung der Saison und dem Ausbau der Bequemlichkeiten werden mittlerweile ganz neue Zielgruppen von Touristen angesprochen. Die Hauptattraktionen des Landes sind überlaufen, man sucht Parkplätze und bemüht sich, den Hunderten aus dem Weg zu gehen, für die ein Selfie an erster Stelle steht, um dann zu Hause zu entdecken, wo man überall gewesen ist. Bei einigen Touristen steht auch gar nicht mehr allein der Reiz des einzigartigen, unberührten Landes mit seinen Herausforderungen und ungeahnten Naturerlebnissen im Mittelpunkt, sondern ein Urlaub, der all die Annehmlichkeiten bietet wie ein Luxusurlaub in bewährten Ferienregionen weltweit. Neue Hotelkomplexe entstehen mitten in der Landschaft.

Doch von profitgeleiteten Modeerscheinungen sollte man sich den eigenen Urlaub nicht vermiesen lassen! Denn auch abseits des Golden Circles gibt es viel zu entdecken, wie wir schon gezeigt haben; und wenn man bereit ist, das Auto auch einmal für einen Tag oder eine Woche stehen zu lassen, dann kann man im ganzen Land mehr oder weniger sportlich aktiv werden. Wir stellen im Folgenden (alphabetisch sortiert) einige solcher **Aktivitäten im Freien** vor. Wie immer konnten wir natürlich nur eine Auswahl aufnehmen, die aber breit gefächert ist.

Scharfkantiges Lavagestein, schlammige Wege und loses Geröll machen nur mit gutem Schuhwerk Spaß!

Beachten Sie bei allen Outdooraktivitäten vor allem die Hinweise unter "Sicher bei Wind und Wetter" (ab S. 45)! Festes Schuhwerk (Trittsicherheit) und witterungsfeste, wärmende Kleidung (Temperaturstürze und Unwetter) sollte man immer parat haben, ebenso das Handy, eine Flasche Wasser sowie einige Snacks. Tipps für (kulturelle) Aktivitäten in Reykjavík selbst finden Sie auch im Kapitel "Kultur erleben" ab S. 101.

Grundausrüstung & Fotografieren

Armbanduhr	armbandsúr *n*	arm·bands·u:r
Kompass	áttaviti *m*	au^{h}tta·witi
Mobiltelefon	farsími, gemsi *m*	far·si:mi, gämsi
Navi	leiðsögukerfi *n*	läið·söɣü·kärwi
Regenschutz	regn|galli *m*, -föt *n/pl*	räg·galli, -fött
Sonnenschutz	sólarolía *f*	soular·olia
Taschenlampe	vasaljós *n*	wasa·ljous
Trinkflasche	flaska *f*	flaska

Wortliste Fotografien

Akku	rafgeymir *m*	raw·gäimir
Batterie	rafhlaða *f*	raw·hlaða
Belichtungsmesser	ljósmælir *m*	ljous·mailir
Blitzgerät	leifturljós *n*	läiftür·ljous
Brennweite	brennidepill *m*	bränni·däpidl
Filter	filter *m*	filter
Kamera	myndavél *f*	minda·wjäl
Digital~	stafræn myndavél *f*	staf·rain minda·wjäl
Spiegelreflex~	spegilmyndavél *f*	späjil·minda·wjäl
Video~	upptökuvél *f*	ü^{h}pp·tökü·wjäl
Ladegerät	hleðslutæki *n*	hläsdlü·taiki
(Mega)Pixel	(mega)pixlar *m/pl*	(mäɣa)·pikslar
Objektiv	linsa *f*	linsa
Tele~	aðdráttarlinsa *f*	að·drau^{h}ttar·linsa
Weitwinkel~	gleiðhornslinsa *f*	gläið·horns·linsa
Selfiestick	sjálftökuprik *n*	sjaulf·tökü·prik
Speicherkarte	minniskort *n*	minnis·kort
Stativ	þrífótur *m*	þri:·foutür

Angeln

Der Fischreichtum in Islands Küstengewässern, Seen und klaren Flüssen ist groß – ein bedeutender Faktor für die isländische Wirtschaft und ein wahres Paradies für Angler: Aal, Dorsch, Forelle, Heilbutt, Lachs, Steinbeißer, Schellfisch ... Angeln darf man nur an erlaubten Stellen und mit einem (gerne vorbestellten) **Angelschein**; Näheres unter **veidikortid.is**. 2017 kostete die Angelerlaubnis für 35 Gewässer 6.900 ISK; nicht enthalten sind die begehrtesten (Privat-)Gewässer für das Angeln von Lachsen, an denen der Angeltag schnell mehrere hundert (oder mehr) Euro kosten kann. **Hochsee-Angeln** ist übrigens ohne Lizenz möglich, von Mai bis August. Angelruten, Schutzkleidung und anderes Gerät können oft vor Ort geliehen werden. Denken Sie daran, dass eine eigene Angelausrüstung nur nach behördlicher Desinfektion (Veterinär-Zertifikat) nach Island eingeführt werden darf.

▸*Ich möchte eine Angelerlaubnis für 1 Tag | 3 Tage | 1 Woche.*
Ég ætla að fá veiðileyfi í einn dag | þrjá daga | eina viku.
jäɣ ai^{h}tla a fau wäiði·läiwi i: äidn daɣ | þrjau daɣa | äina wikü

▸*Wo darf ich angeln?*
Hvar má ég veiða?
kwar mau jäɣ wäiða

▸*Welche Fische kann man da fangen?*
Hvaða fisk get ég veitt þar?
kwaða fisk gjät jäɣ wäi^{h}tt þar?

▸*Ich möchte Hochsee-Angeln.*
Ég ætla að fara í sjóstangaveiði.
jäɣ ai^{h}tla a fara i: sjou·staungga·wäiði

▸*Kann ich Angelgerät ausleihen?*
Get ég fengið lánaða veiðistöng?
gjät jäɣ fäingið launaða wäiði·stöing

Angeln in Hafengewässern ist übrigens verboten.

Ich brauche:	Mig vantar:	miɣ wantar
eine Angelroute	veiðistöng	wäiði·stöiŋg
Blinker	spún	spu:n
Fliegen	flugur	flüɣür
Gummistiefel	gúmmístígvél	gummi·stiɣ·wjäl
einen Haken	öngul	öiŋgül
einen Kescher	háfur	hauwür
Ölzeug	olíuföt	oliü·föt
Regenwürmer	maðka	maðka
eine Schnur	girni	girdni
Schwimmer	flotholt	flot·holt

Fahrrad fahren

Das Land mit dem Fahrrad zu erkunden, ist aufgrund der Beschaffenheit der Straßen und Steigungen, vor allem aber aufgrund der großen Entfernungen von Ortschaft zu Ortschaft nur etwas für leistungsstarke Radfahrer. Für alle anderen bieten sich Tagestouren an, für die man auch Räder leihen kann. Mittlerweile gibt es in einigen Orten einen **Mountainbike-Verleih**. Möglich sind auch geführte Touren, z.B. durch Reykjavík – auch per *Segway* –, an der Küste entlang, ins Gebiet der heißen Quellen oder gar ins Hochland (wiederum nur für erfahrene Biker), auf jeden Fall in den Sommermonaten. Allgemein hat die Fahrradleidenschaft der Isländer in jüngster Zeit merklich zugenommen. Es hat sich übrigens bewährt, beim Durchqueren von Furten das Fahrrad schräg flussabwärts zu führen; wie bei Fahrten mit dem Auto sollte kein Gewässer ohne vorherige Prüfung durchfahren werden, auch in Pfützen können knietiefe Schlaglöcher lauern!

In Island sind Radfahrer gesetzlich verpflichtet, auf Gehwegen zu fahren; die meisten Fahrräder haben aber keine Klingel – Aufmerksamkeit und Rücksichtnahme sind also empfohlen!

▸*Kann man hier ein Fahrrad | Mountainbike mieten?*
Er hægt að leigja reiðhjól | fjallahjól hér?
är haicht a läiɣa räið·chjoul | fjadla·chjoul chjär

▸*Ich möchte es für 1 Tag | 3 Tage | eine Woche mieten.*
Ég ætla að leigja það í einn dag | tvo daga | eina viku.
jäɣ ai^{h}tla að läiɣa það i: äidn daɣ | two daɣa | äina wikü

▸*Wie teuer ist es pro Tag | pro Woche?*
Hvað kostar það á dag | í viku?
kwað kostar það au daɣ | i: wikü

▸*Wie teuer ist eine Versicherung für das Fahrrad?*
Hvað kostar trygging fyrir hjólið?
kwað kostar triggiŋg firir chjoulið

▸*Das Fahrrad taugt nicht für längere Touren.*
Reiðhjólið er ekki ætlað fyrir lengri ferðir.
räið·chjoulið är ä^{h}kki ai^{h}tlað firir läŋri färðir

▸*Kann man das Fahrrad reparieren?*
Er hægt að gera við hjólið?
är haicht a gjära wið chjoulið

▸*Ich brauche einen Fahrradhelm | eine Luftpumpe.*
Mig vantar hjólahjálm | loftpumpu.
miɣ wantar chjoula·chjaulm | loft·pümpü

▸*Wo kann ich das Rad zurückgeben?*
Hvar á ég að skila hjólinu?
kwar au jäɣ a skila chjoulinü

▸*Kann ich das Rad im Bus mitnehmen?*
Get ég tekið hjólið með í rútunni?
gjät jäɣ täkið chjoulið mä i: ru:tünni

Wortliste Fahrrad fahren

Fahrradlampe	reiðhjólaljós *n*	räið·chjoula·ljous
Flickzeug	bætur fyrir slöngur	baitür firir slöiŋgür
Handbremse	handbremsa *f*	hand·brämsa

Hinterrad	afturhjól *n*	aftür·chjoul
Reifenpanne	sprungið dekk *n*	spruŋgið dä^{h}kk
Reifen flicken	bæta dekk	baita dä^{h}kk
Rücklicht	afturljós *n*	aftür·ljous
Sattel	hnakkur *m*	hna^{h}kkür
Satteltaschen	hnakktöskur *f/pl*	hna^{h}kk·töskür
Schlauch	slanga *f*	slauŋga
Ventil	ventill *m*	wäntidl
Vorderrad	framhjól *n*	fram·chjoul

Unter **road.is/travel-info/other-travel-info** kann man eine Fahrradkarte zu Island als pdf-Datei herunterladen ... leider bereits einige Jahre alt.

Gletschertouren

Gletscherwanderungen oder Fahrten mit so genannten Superjeeps, bisweilen auch mit Motor- oder Hundeschlitten, sind ein einmaliges Erlebnis. Seit 2015 gibt es unter dem Gletscher *Langjökull* eine künstliche Eishöhle, zu der man sich fahren lassen kann. Allerdings sind Gestank und Lärm der Fahrzeuge nicht jedermanns Sache – vom Benzinverbrauch nicht zu reden: Im Frühjahr 2016 blieb eine Touristengruppe fern jeder Ortschaft liegen, weil das zuständige Unternehmen vergessen hatte, Reservekanister mitzunehmen. Gletschertouren sollten dennoch **ausschließlich unter fachkundiger Leitung** erfolgen.

▸*Ich möchte an einer Gletschertour teilnehmen.*
Ég ætla að taka þátt í jöklaferð.
jäɣ ai^{h}tla a taka þau^{h}tt i: jö^{h}kla·färð

▸*Welche Ausrüstung brauche ich für die Gletschertour?*
Hvaða útbúnað þarf ég fyrir jöklaferðina?
kwaða u:t·bu:nað þarw jäɣ firir jö^{h}kla·färðina

Nordlichttouren

Sobald die Nächte dunkler werden, sieht man mit etwas Glück Nordlichter (verstärkt ab Oktober). Auf der Jagd nach Polarlichtern werden Touren mit unterschiedlichem Ambiente angeboten, z.B. angereichert mit Wellness-Aufenthalten oder Höhlenwanderungen. Stundenaktuelle Prognosen zur Bewölkung gibt es hier: **en.vedur.is/weather/forecasts/aurora**. Im *Aurora-Zentrum* in Reykjavík gibt es allerdings keine Nordlichter zu sehen (sehr zur Überraschung einiger Touristen ...).

▸*Ich möchte eine Nordlicht|fahrt | -wanderung buchen.*
Ég ætla að bóka norðurljósa|ferð | -göngutúr.
jäɣ ai^{h}tla að bouka norðür·ljousa|·färð | -göiŋgü·tu:r

▸*Werden um Mitternacht Nordlichter zu sehen sein?*
Er hægt að sjá norðurljós á miðnætti?
är haicht a sjau norðür·ljous au mið·nai^{h}tti

Reittouren

Reiten ist eines der beliebtesten Hobbys in Island. Das Angebot rund um Reykjavík ist riesig, sei es dass man stundenweise ausreitet, sich auf eine mehrtägige Tour begibt oder direkt einen **Reiterurlaub** bucht; auch als Anfänger findet man hier etwas. Im Sommer sucht mancher Pferdebesitzer **Pflegepersonal** gegen Kost und Logis; hier findet man vor allem in den sozialen Netzwerken Kontakte. Benutztes Sattelzeug darf nicht eingeführt werden, auch nicht nach einer professionellen Reinigung.

▸*Ich möchte eine Reittour machen.*
Ég ætla að fara í reiðtúr.
jäɣ ai^{h}tla a fara i: räið·tu:r

▸*Wieviel kostet eine Stunde?*
Hvað kostar einn klukkutími?
kwað kostar äidn klü^{h}kkü·ti:mi

▸*Können Sie mir helfen aufzusteigen?*
Getur þú hjálpað mér að fara á bak?
gjätürðü chjaulpað mjär a fara au bak

▸*Meine Steigbügel sind zu lang | zu kurz.*
Ístöðin mín eru of löng | of stutt.
i:stöðin mi:n ärü ow löiŋg | ow stü^{h}tt

▸*Wie halte ich die Zügel richtig?*
Hvernig held ég rétt í tauminn?
kwärdni häld jäɣ rjä^{h}tt i: töiminn

Robust, klein und gutmütig, aber keine Ponys – Islandpferde

▸*Ich brauche eine Satteltasche.*
Mig vantar hnakktösku.
miɣ wantar hna^{h}kk·töskü

▸*Können Sie mir eine Reitkappe leihen?*
Getur þú lánað mér reiðhjálm?
gjätürðü launað mjär räið·chjaulm

▸*Wir möchten unten am Strand | durch das Tal reiten.*
Okkur langar að ríða meðfram ströndinni | gegnum dalinn.
o^{h}kkür lauŋgar a ri:ða mä·fram ströndinni | gägnüm dalinn

▸*Wie lasse ich mein Pferd tölten?*
Hvernig læt ég hestinn minn tölta?
kwärdni lait jäɣ hästinn minn tölta

▸*Können wir langsamer | schneller reiten?*
Getum við riðið hægar | hraðar?
gjätüm wið riðið haiɣar | hraðar

▸*Darf ich vorausreiten?*
Má ég ríða á undan?
mau jäɣ ri:ða au ündan

▸*Wie lange müssen wir noch reiten?*
Hvað eigum við eftir að ríða lengi?
kwað äiɣum wið äftir að ri:ða läiŋgi

Wortliste Reiten

beschlagen	járna	jaurdna
Decke	ábreiða *f*	au·bräiða
Galopp	stökk *n*	stö^{h}kk
Gerte	svipa *f*	swipa
Handschuhe	hanskar *m/pl*	hanskar
Hengst	graðhestur *m*	grað·hästür
Huf	hófur *m*	houwür
Hufeisen	skeifa *f*	skäiwa
Huffett	skeifufeiti *f*	skäiwü·fäiti
Kandare	beisliskeðja *f*	bäisdlis·käðja
Mähne	fax *n*	faks
Maul	snoppa *f*	sno^{h}ppa
Ohr	eyra *n*	äira
Pferdestall	hesthús *n*	häst·hu:s
Pferdevermietung	hestaleiga *f*	hästa·läiɣa
Reiter	reiðmaður *m*	räið·maðür
Reithose	reiðbuxur *f/pl*	räið·büksür
Reithelm	reiðhjálmur *m*	räið·chjaulmür
Sattel	hnakkur; söðull *m*	hna^{h}kkür; söðüdl
im Sattel	á hestbaki	au häst·baki
Sattelgurt	kviðband *n*	kwið·band
Satteltasche	hnakktaska *f*	hna^{h}kk·taska
Schweif	tagl *n*	tagl
Schritt	fet *n*	fät
Schienbeinschoner	legghlífar *m/pl*	lägg·hli:war
Sprunggelenk	hækilsbein *n*	haikils·bäin
Steigbügel	ístað *n*, ístöð *n/pl*	i:stað, i:stöð
Stiefel	stígvél *n/pl*	sti:ɣ·wjäl

Stirnband	eyrnaband *n*	äirdna·band
Striegel	hrossakambur *m*	hrossa·kambür
Stute	hryssa; meri *f*	hrissa; märi
Trab	brokk *n*	bro^{h}kk
Trense	mél *n*	mjäl
Zaumzeug	beisli *n*	bäisdli
Zügel	taumur *m*	töimür
Zügel kurznehmen	taka í taumana	taka i: töimana
am langen Zügel gehen lassen	halda laust í tauminn	halda löist i: töiminn

Schwimmen

Schwimmen ist ein beliebter und ganzjähriger Volkssport und fester Bestandteil der isländischen Kultur. In manchen Gebieten kann man direkt in warmen (nicht: heißen!) **Quellen** baden. Fast alle Dörfer in Island verfügen über geothermal beheizte Bäder, die Wassertemperatur beträgt meist über 30°C. Oft schließt sich ein **heitur pottur** an, ein Hotpot, mit Temperaturen von über 40°C; sie sind beliebte Treffpunkte. Reykjavík selbst verfügt über mehrere Schwimmbäder, teils nur mit Außenbecken (und bisweilen leicht sanierungsbedürftig). In Schwimmbädern herrscht übrigens striktes Fotografierverbot!

In Schwimmbädern trifft man oft auf folgende Hinweise:

konur	*Frauen*
karlar	*Männer*
sturtur	*Duschen*
snyrting; salerni	*Toiletten; WC*
Farið úr skónum!	*Bitte Schuhe ausziehen!*
Þvoið ykkur vel án sundfata áður en farið er í laugina!	*Bitte vor dem Schwimmen unbekleidet gründlich waschen!*

Grundsätzlich gilt: Vor jedem Betreten des Badebereichs muss unbekleidet geduscht werden; das wird mittlerweile sogar vom Schwimmbadpersonal kontrolliert. Dazu stehen Seifenspender (*soap*) bereit, bisweilen auch als Suppenspender (*soup*) deklariert ... Das bekannteste (und wohl teuerste) Bad Islands in freier Natur ist die Blaue Lagune, **Bláa Lónið** (Foto), gelegen inmitten von Lavafeldern zwischen Reykjavík und Keflavík. Ein Geothermalkraftwerk pumpt aus 2 km Tiefe Wasser mit ca. 240°C, erzeugt damit Strom und lässt es dann – auf ca. 40°C abgekühlt – in die Lavafelder fließen; so entstand mit der Zeit ein See, dessen intensive blaue Farbe durch reflektierende Kieselsäure hervorgerufen wird. Aus dem Schlamm werden sehr teure kosmetische Produkte hergestellt, die heilende Wirkung haben sollen und in die ganze Welt exportiert werden. Der Eintritt zur Blauen Lagune sollte bereits über das Reisebüro oder ein Touristenoffice gebucht werden, Karten an der Kasse sind spontan kaum erhältlich, die Aufenthaltszeit wird streng begrenzt.

▸*Ist hier vielleicht ein Schwimmbad in der Nähe?*
Er kannski sundlaug hér í nágrenninu?
är kannski sünd·löiɣ chjär i: nau·gränninü

▸*Wie teuer ist das Schwimmen für Erwachsene | für Kinder?*
Hvað kostar í sund fyrir fullorðna | fyrir börn?
kwað kostar i: sünd firir füdl·ordna | firir bördn

▸*Wo ist die Damenumkleide | Herrenumkleide?*
Hvar er kvennaklefi | karlaklefi?
kwar är kwänna·kläwi | kardla·kläwi

▸*Ich habe den Schlüssel für den Schrank verloren.*
Ég týndi lyklinum að skápnum mínum.
jäɣ tindi li^{h}klinüm a skaupnüm mi:nüm

▸*Kann ich einen Badeanzug / eine Badehose leihen?*
Má ég fá leigðan sundbol | leigða sundskýlu?
mau jäɣ fau läiɣðan sünd·bol | läiɣða sünd·ski:lü

▸*Kann ich ein Badetuch leihen?*
Má ég fá leigt baðhandklæði?
mau jäɣ fau läicht bað·hand·klaiði

Wortliste Schwimmen

Badeanzug	sundbolur *m*	sünd·bolür
Badehose	sundskýla *f*	sünd·ski:la
Bademantel	baðsloppur *m*	bað·slo^{h}ppür
Badetuch	baðhandklæði *n*	bað·hand·klaiði
Handtuch	handklæði *n*	hand·klaiði
schwimmen	synda	sinda
schwimmen gehen	fara í sund	fara i: sünd
Seife	sápa *f*	saupa

Skifahren

Island bietet mehrere Skigebiete, auch in unmittelbarer Nähe zu Reykjavík, z.B. **Skíðasvæðin** (**skidasvaedi.is**), sowie zu Akureyri, **Hlíðarfjall** (**hlidarfjall.is**). Die Preise für ein Erwachsenen-Tagesticket liegen 2017 durchschnittlich zwischen 20 und 40 Euro, Ausrüstung kann geliehen werden. Unterschieden wird, ähnlich wie in Deutschland, zwischen grünen (Anfänger), blauen (Amateur), roten (Fortgeschrittene) und schwarzen Pisten (Profi). In Nordisland ist als Variante auch *Heli-Skiing* möglich, die Mehrtagestour allerdings erst ab ca. 7.000 (!) Euro (Stand 2017).

▸*Ich hätte gerne ein Tagesticket.*
Ég ætla að fá dagskort.
jäɣ ai^{h}tla a fau daks·kort.

▸*Kann ich hier eine Skiausrüstung leihen?*
Má ég fá skíðaútbúnað lánaðan?
mau jäɣ fau ski:ða·u:t·bu:nað launaðan

Wortliste Skifahren

Sessellift	stólalyfta *f*	stoula·lifta
Skianzug	skíðagalli *m*	ski:ða·galli
Ski(er)	skíði *n*	ski:ði
Skibrille	skíðagleraugu *n/pl*	ski:ða·glär·öiɣü
Skihelm	hjálmur *m*	chjaulmür
Skipiste	skíðaleið *f*	ski:ða·läið
Skistock	skíðastafur *m*	ski:ða·stawür

Vogelbeobachtung

Fast 300 Vogelarten brüten in Island, Dauerbewohner oder Zugvögel auf Station; die alljährliche Ankunft der *Lóa* (Goldregenpfeifer) ist immer eine Zeitungsmeldung wert. In den Westfjorden liegt einer der größten Vogelfelsen der Welt, *Látrabjarg*, auf den unbewohnten Inseln der Westmännerinseln gibt es unzählige Papageientaucher (*Lundi*) und auf dem *Mývatn* im Nordosten Islands tummeln sich alle Arten von Enten; auch in Reykjavík selbst lässt sich ein breites Spektrum beobachten. Der größte Feind des **Papageientauchers** ist seit jeher der Mensch, dem er als kulinarische Spezialität gilt. Noch heute steht er in einigen Restaurants auf der Speisekarte. Auch anderweitige Störungen der Vögel sind in jedem Fall zu vermeiden; das Mitnehmen von Eiern aus den Nestern steht unter Strafe! Einige Vögel reagieren zudem äußerst aggressiv auf Störenfriede.

▸*Kann man hier Vögel beobachten?*
Er hægt að skoða fugla hér?
är haicht a skoða fügla chjär

▸*Sind hier Vogelfelsen in der Nähe?*
Eru fuglabjörg hér í nágrenninu?
ärü fügla·björg chjär i: nau·gränninü

▸*Wo haben die Vögel ihre Brutplätze?*
Hvar verpa fuglarnir?
kwar wärpa fügladnir

▸*Wann ist Brutzeit?*
Hvenær er varptími?
kwänair är warp·ti:mi

▸*Welche Vögel gibt es dort zu sehen?*
Hvaða fugla er hægt að skoða þar?
kwaða fügla är haicht a skoða þar

▸*Kann ich ein Fernglas leihen?*
Get ég fengið kíki lánaðan?
gjät jäɣ fäiŋgið ki:ki launaðan

Lundi-Kolonie auf Grímsey

Wortliste Vogelarten (... einige wenige ...)

Austernfischer	tjaldur *m*	tjaldür
Basstölpel	súla *f*	su:la
Eiderente	æður *m*	aiðür
Eissturmvogel	fýll *m*	fi:dl
Eistaucher	himbrimi *m*	him·brimi
Goldregenpfeifer	(heið)lóa *f*	(häið)·loua
Graugans	grágæs *f*	grau·gais
Heringsmöwe	sílamáfur *m*	si:la·mauwür
Kormoran	dílaskarfur *m*	di:la·skarwür
Lachmöwe	hettumáfur *m*	hä^{h}ttü·mauwür
Papageientaucher	lundi *m*	lünti
Raubmöwe	skúmur *m*	sku:mür
Schneeeule	snæugla *f*	snai·ügla
Seeschwalbe	kría *f*	kri:ja

Walbeobachtung

Ein Exponat unter vielen: Skelett eines Orkas

In den Gewässern rund um Island leben diverse Wal- und Seehundarten. Obwohl regelmäßig und heftig dafür argumentiert wird, die alljährliche Jagd ganz einzustellen, gehört Island leider zu den Ländern, die immer noch in größerem Maßstab **Walfang** betreiben. Allen Protesten zum Trotz werden Walfleisch und Walspeck auch weiterhin als isländische Spezialität in einigen Restaurants angeboten und finden sich teils auch zum Kauf in Supermärkten.

Vor allem von Húsavík im Norden Islands aus werden von diversen Unternehmen **Waltouren** angeboten, sowohl auf dem gemütlichen Ausflugsschiff als auch mit dem Speedboot. 2015 eröffnete in Reykjavík die Walausstellung *Whales of Iceland* (**whalesoficeland.is**) mit gewaltigen Kunststoffwalen. Kleiner, aber fast noch eindrucksvoller ist das *Walmusem in Húsavík* (Foto) mit echten Ausstellungsstücken (**hvalasafn.is**); 2017 soll es erweitert werden.

▸*Ist es wahrscheinlich, dass wir Wale sehen?*
Er líklegt að við munum sjá hvali?
är li:klächt a wið münüm sjau kwali

▸*Sehen wir auch Delphine?*
Munum við líka sjá höfrunga?
münüm wið li:ka sjau höwruŋga

▸*Kann man auf der Tour auch andere Tiere beobachten?*
Er hægt að skoða önnur dýr í ferðinni?
är haicht a skoða önnür di:r i: färðinni

▸*Gibt es eine Entschädigung, wenn wir keine Wale sehen?*
Fáum við bætur, ef engir hvalir sjást?
fauüm wið baitür, äf äiŋgir kwalir sjaust

▸*Wie lange fahren wir, bis wir Wale sehen?*
Hvað þarf maður að sigla langt til að geta séð hvali?
kwað þarf maðür a sigla lauŋt til a gjäta sjä:ð kwali

▸*Besteht die Gefahr, dass man seekrank wird?*
Er hætta á að verða sjóveikur (m) | sjóveik (f)?
är hai^{h}tta au a wärða sjou·wäikür | sjou·wäik

▸*Bei starkem Seegang werde ich seekrank.*
Í miklum sjógangi verð ég sjóveikur (m) | sjóveik (f).
i: mi^{h}klüm sjou·gauŋgi wärð jäɣ sjou·wäikür | sjou·wäik

▸*Ist das Wetter gut für Walbeobachtungen?*
Er veðrið hæft til hvalskoðana?
är wäðrið haift til kwal·skoðana

Wortliste Wale (... eine Auswahl ...)

Blauwal	bláhvalur *m*	blau·kwalür
Buckelwal	hnúfubakur *m*	hnu:wü·bakür
Delphin	höfrungur *m*	höwruŋgür
Grindwal	grindhvalur *m*	grind·kwalür
Grönlandwal	norðhvalur *m*	norð·kwalür
Orka	háhyrningur *m*	hau·hirdniŋgür
Pottwal	búrhvalur *m*	bu:r·kwalür
Seehund	selur *m*	sälür
Tümmler	stökull *m*	stöküdl
Wal	hvalur *m*	kwalür

Unter **fauna.is** findet man viele Infos zur Tierwelt Islands. Ein Tipp ist das 2014 erschienene Buch *Lífríki Íslands* (Flora und Fauna Island), ausgezeichnet mit dem Isländischen Literaturpreis (*Íslensku bókmenntaverðlaunin*).

Trekking & Wandern

Die schier endlose Weite erschwert das Einschätzen von Entfernungen

Schon von Deutschland aus lassen sich Wanderferien in Island buchen; ein- oder mehrtägige Wanderungen können aber auch direkt vor Ort organisiert werden. Bei längeren Wanderungen schläft man in der Regel in Zelten oder Hütten mit einfachen Matratzenlagern und kleiner Küche. Gletscher, Seen, Flüsse, Sandwüsten, Lavaformationen und Berge prägen das Land und verleihen dem Wandern besonderen Reiz. Es gibt zwar immer mehr ausgebaute und markierte Wanderwege; solche Wege können sich aber jederzeit durch Erosion, Überflutungen oder Erdbeben ändern. Man bewegt sich daher immer besser in einer Gruppe. Neben guter Planung (die Wanderroute für Notfälle unter **safetravel.is** hinterlegen!) ist aber vor allem für Rucksackwanderungen die richtige Ausrüstung von größter Bedeutung. Sollten Sie über keine eigene Ausrüstung verfügen, können Sie vieles vor Ort leihen. Tipp: Der *Reiseführer Island* von Christine Sadler und Jens Willhardt (7. Auflage 2015, Michael Müller Verlag) beschreibt 52 Wander- und 13 Trekkingtouren im ganzen Land; noch mehr Literaturtipps gibt es im Anhang ab S. 227.

▸*Gibt es individuelle Touren für große und kleine Gruppen?*
Eru sérsniðnar ferðir til fyrir stóra og smáa hópa?
ärü sjär·sniðnar färðir til firir stoura o smaua houpa

▸*Können Sie eine Tour nach Wunsch für uns erarbeiten?*
Getur þú sett upp ferð sem fellur að óskum okkar?
gjätürðü sä^{h}tt ü^{h}pp färð säm fädlür a ousküm o^{h}kkar

▸*Gibt es leichte oder kurze Tagestouren in der Ebene?*
Eru léttar eða stuttar dagleiðir til á sléttlendi?
ärü ljä^{h}ttar äða stü^{h}ttar daɣ·läiðir til au slä^{h}tt·ländi

▸*Gibt es mittellange Tagestouren in hügeligem Land?*
Eru miðlungslangar dagleiðir til í hæðóttu landi?
ärü miðluŋgs·lauŋgar day·läiðir til i: haið·ou^{h}ttü landi

▸*Gibt es schwierige und lange Tagestouren im Bergland?*
Eru erfiðar og langar dagleiðir til í fjalllendi?
ärü ärwiðar o lauŋgar day·läiðir til i: fjadl·ländi

▸*Muss man das Zelt und alles auf dem Rücken tragen?*
Þarf maður að bera tjald og aðra hluti á bakinu?
þarf maðür a bära tjald o aðra chlüti au bakinü

▸*Welche Ausrüstung brauche ich für die Wandertour?*
Hvaða útbúnað þarf ég fyrir gönguferðina?
kwaða u:t·bu:nað þarf jäy firir göiŋgu·färðina

▸*Ich möchte an dieser Wandertour teilnehmen.*
Ég ætla að taka þátt í þessari gönguferð.
jäy ai^{h}tla a taka þau^{h}tt i: þässari göiŋgu·färð

Wortliste Trekking & Wandern

Grundausstattung

Bargeld	reiðufé *n*	räiðü·fjä
Blasenpflaster	hælsærisplástur *m*	hail·sairis·plaustür
Feuerzeug	kveikjari *m*	kwäikjari
Isomatte	tjalddýna *f*	tjald·di:na
Kompass	áttaviti *m*	au^{h}tta·witi
Pflaster	plástur *m*	plaustür
Rucksack	bakpoki *m*	bak·poki
Rucksackschutz	bakpokahlíf *f*	bak·poka·chli:f
Schlafsack	svefnpoki *m*	swäb·poki
Schmerztabletten	verkjatöflur *f/pl*	wärkja·töblür
Sonnenbrille	sólgleraugu *n/pl*	soul·glär·öiyü
Sonnenschutzmittel	sólarvörn *f*	soular·wördn
Stirnlampe	höfuðljós *n*	höwüð·ljous

Streichhölzer	eldspýtur *f/pl*	äld·spi:tür
Taschenlampe	vasaljós *n*	wasa·ljous
Verbandskasten	sjúkrakassi *m*	sju:kra·kassi
Wanderkarte	göngukort *n*	göiŋgü·kort
Wanderstöcke	göngustafir *f/pl*	göiŋgü·stawir
Zelt	tjald *n*	tjald

Kleidung

Fleecepullover	flíspeysa *f*	fli:s·päisa
Gamaschen	leggbjargir *f/pl*	lägg·bjargir
Halstuch	hálsklútur *m*	hauls·klu:tür
Handschuhe	vettlingar *m/pl*	vä^{h}ttliŋgar
Mütze	húfa *f*	hu:wa
Ohrenwärmer	eyrnahlífar *f/pl*	äirdna·chli:war
Regenhose	regnbuxur *f/pl*	räg·büksür
Regenjacke	regnjakki *m*	räg·ja^{h}kki
Schal	trefill *m*	trä:widl
Schnürsenkel	skóreimar *m/pl*	skou·räimar
Schutzkleidung	hlífðarfatnaður *m*	chli:wðar·fa^{h}tnaður
Softshell	softshell	soft·schäll
Stulpen	legghlífar *f/pl*	lägg·chli:war
Unterwäsche	nærföt *n/pl*	nair·föt
Wanderhose	göngubuxur *f/pl*	göiŋgü·büksür
Wanderschuhe	gönguskór *m/pl*	göiŋgü·skour
Wollpullover	ullarpeysa *f*	üdlar·päisa

Kochutensilien

Becher	drykkjarmál *n*	dri^{h}kkjar·maul
Brennstoff	eldsneyti *n*	älds·näiti

Campingkocher	prímus *m*	pri:müs
Essbesteck	hnífapör *n/pl*	hni:wa·pör
Gasflasche	gaskútur *m*	gas·ku:tür
Getränkeflasche	drykkjarbrúsi *m*	dri^{h}kkjar·bru:si
Lunchbox	nestisbox *n*	nästis·boks
Müllbeutel	ruslapoki *m*	rüsla·poki
Spülmittel	uppþvottalögur *m*	ü^{h}pp·þwo^{h}tta·löɣür
Taschenmesser	vasahnífur *m*	wasa·hni:wür
Teller	diskur *m*	diskür
Thermoskanne	hitabrúsi *m*	hita·bru:si
Topf	pottur *m*	po^{h}ttür

Vom Campingplatz zum Ferienhaus

In Island erwarten Sie vielfältige Unterkünfte: Zeltplatz (*tjaldstæði*), Schlafsackunterkunft (*svefnpokapláss*) in einfachen Hütten (*kofi*, *skáli*), Bauernhöfe (*bóndabær*), Gästehäuser (*gistiheimili*), Ferienhäuser (*sumarhús*), Hotels (*hótel*), oft anspruchsvolle Luxushotels vor allem in den Städten Reykjavík und Akureyri sowie in unmittelbarer Nähe der gängigen Sightseeing-Höhepunkte – und es wird weitergebaut. Kaum eine Unterkunft ist billig, aber alle sind sauber und zweckdienlich. Achtung: Bei so genannten Dreibettzimmern handelt es sich fast immer um Zimmer mit nur zwei Betten und einer dazugestellten Liege – bei drei Erwachsenen schnell sehr eng.

Einfache Schlafunterkünfte liegen meist direkt am Anfang längerer Wanderrouten (hier: Hólaskjól)

Auf der Webseite von Ferðafélag Íslands (**fi.is**) findet man Bilder von den Hütten, die der Verein betreibt, mit Angabe zu Übernachtungsplätzen (*gistipláss*); es empfiehlt sich zu reservieren, die Hütten könnten belegt sein: **fi.is/skalar/skalar-fi**. Rund um die Insel stehen auch Zelt- und Campingplätze zur Verfügung, die je nach Lage von Juni bis Ende August / Mitte September bewirtschaftet werden. Unter **campingkarte.is** erhält man nicht nur viele Informationen zu den Campingplätzen, sondern man kann auch die Campingcard (*útilegukortið*) kaufen: Sie gilt (2017) für Familien mit 2 Erwachsenen und 2 Kindern auf 42 Campingplätzen für 28 Übernachtungen; Preis: 150 Euro.

Wie einst Diogenes ... originelle Übernachtungsmöglichkeit in Djúpivogur

▸*Gibt es in der Nähe einen Campingplatz?*
Er tjaldstæði hér í nágrenninu?
är tjald·staiði chjär i: nau:gränninü

▸*Wo ist der Campingplatz?*
Hvar er tjaldstæðið?
kwar är tjald·staiðið

▸*Wie komme ich dorthin?*
Hvernig kemst ég þangað?
kwärdni kjämst jäɣ þauŋgað

▸*Darf man hier zelten?*
Má tjalda hérna?
mau tjalda chjärdna

Denken Sie daran, beim 'wilden Zelten' den Grundstückseigentümer um Erlaubnis zu bitten. Generell wird das Zelten außerhalb von vorgesehenen Plätzen nicht gern gesehen und ist zunehmend verboten, in Nationalparks immer!

▸*Dürfen wir auf Ihrem Grundstück zelten?*
Megum við tjalda á lóðinni þinni?
mäɣüm wið tjalda au louðinni þinni

▸*Was kostet es pro Tag | pro Person | pro Zelt?*
Hvað kostar það á dag | á mann | á tjald?
kwað kostar það au daɣ | au mann | au tjald

▸*Ich habe eine Campingcard.*
Ég er með útilegukort.
jäɣ är mä u:ti·läɣü·kort

▸*Wo können wir unser Zelt aufstellen?*
Hvar getum við reist tjaldið okkar?
kwar gjätüm wið räist tjaldið o^{h}kkar

▸*Wo sind die Toiletten | Duschen?*
Hvar er salernið | hvar eru sturtur?
kwar är salärdnið | kwar ärü stürtür

▸*Gibt es hier einen Stromanschluss?*
Er hægt að tengja við rafmagn hér?
är haicht a täiŋgja wi raw·mag chjär

▸*Wo kann ich Gasbehälter kaufen?*
Hvar get ég keypt gaskúta?
kwar gjät jäɣ käift gas·ku:ta

▸*Wo kann ich meinen Müll hinbringen?*
Hvar get ég losað mig við ruslið mitt?
kwar gjät jäɣ losað miɣ wið rüslið mi^{h}tt

▸*Darf ich Feuer machen oder grillen?*
Má ég kveikja eld eða grilla?
mau jäɣ kwäikja äld äða grilla

▸*Haben Sie einen Stellplatz für einen Wohnwagen | ein Wohnmobil?*
Áttu pláss fyrir hjólhýsi | húsbíl?
au^{h}ttü plauss firir hjoul·hi:si | hu:s·bi:l

▸*Wie hoch ist die Gebühr für einen PKW mit Wohnwagen?*
Hvað kostar fyrir bíl og hjólhýsi?
kwað kostar firir bi:l o hjoul·hi:si

▸*Wie hoch ist die Tagesgebühr für ein Wohnmobil | einen Camper?*
Hvað kostar það á dag á húsbíl | á hjólhýsi?
kwað kostar það au daɣ au hu:s·bi:l | au hjoul·hi:si

▸*Was kostet eine Verlängerungswoche?*
Hvað kostar ein aukavika?
kwað kostar äin öika·wika

▸*Ich brauche einen Stromanschluss | Wasseranschluss.*
Ég þarf að tengja við rafmagn | vatnslögn.
jäɣ þarw a täiŋgja wi raw·mag | wass·lög

▸*Wo kann ich die Chemietoilette ausleeren?*
Hvar get ég tæmt ferðaklósettið?
kwar gjät jäɣ taimt färða·klou^{h}sä^{h}ttið

▸*Ich brauche ein Verlängerungskabel | einen Adapter.*
Mig vantar framlengingarsnúru | millistykki.
miɣ wantar fram·läiŋgiŋgar·snu:rü | midli·sti^{h}kki

▸*Wissen Sie, wo wir Lebensmittel kaufen können?*
Veistu hvar við getum keypt matvöru?
wäistü kwar við gjätüm käift mat·wörü

▸ *... ist kaputt.*
... er bilaður (*m*) | biluð (*f*) | bilað (*n*).
... är bilaðür | bilüð | bilað

▸*Ich habe eine Kaskoversicherung, ...*
Ég er með kaskótryggingu, ...
jäɣ är mä kaskou·triggiŋgü ...

... die Schäden durch Feuer, Unwetter und Diebstahl ersetzt.
... sem bætir tjón vegna eldsvoða, óveðurs og þjófnaðar.
... sem baitir tjoun wägna älds·woða, ou·wäðürs o þjoubnaðar

Hinweise auf Campingplätzen

aðgengi fyrir fatlaða	*Behindertenzugang*
afgreiðslukassi	*Kasse*
almenningssími	*öffentliches Telefon*
eldunaraðstaða	*Kochgelegenheit*
fjallasýn	*Aussicht auf Berge*
gámar fyrir rusl	*Müllcontainer*
gjald	*Gebühr*
gönguleiðir	*Wanderwege*
grillaðstaða	*Grillplatz*
heitir pottar	*Hot pots*
hestaleiga	*Pferdevermietung*
kaffihús	*Café*
klóaklosun	*Campingtoilettenentleerung*
leikvöllur	*Spielplatz*
neyðarhjálp	*Erste Hilfe*
rafmagn	*Elektrizität*
salerni	*WC, Toilette*
slöngutengsl	*Schlauchanschluss (Gas, Wasser)*
sólarrafhlaða	*Solaranlage*
sundlaug	*Schwimmbad*
þurrkari	*Trockner*
þvottavél	*Waschmaschine*
veiði	*Angeln*
veitingahús	*Restaurant*
verslun	*Geschäft, Supermarkt*
vínveitingar	*Alkoholausschank*

Jugendherberge, Ferienhaus, Pension & Hotel

Farfuglaheimili – Jugendherberge(n), wörtlich: Zugvögelheim(e) – gibt es rund ums Land. Unter **is.hostel.is** werden alle 35 Orte (2017) auf einer Karte mit Fotos und Infos angezeigt, man kann direkt dort buchen. Der dort erhältliche **Jugendherbergsausweis** (*farfuglaskírteini*; 1 Person = 3.000 ISK, Familie mit Kindern bis einschließlich 16 = 4.000 ISK, Gruppen bis 10 Personen = 8.000 ISK; Stand: Anfang 2017) bietet je nach Ort einen Rabatt von 10–20%. Mit eigenem Schlafsack ist das Übernachten oft billiger. Immer mehr Jugendherbergen haben übrigens das isländische Gütesiegel *Grænt Farfuglaheimili* für Umweltschutz.

Malerisch gelegene Ferienhäuschen auf Mjóeyri, Eskifjörður

▸*Gibt es in der Nähe eine Jugendherberge?*
Er farfuglaheimili hér í nágrenninu?
är far·fügla·häimili chjär i: nau:grenninü

▸*Was kostet die Unterkunft für eine Nacht?*
Hvað kostar gisting í eina nótt?
kwað kostar gistiŋg i: äina nou^h^tt

▸*Ist das Frühstück inbegriffen?*
Er morgunverðurinn innifalinn?
är morgün·wärðürinn inni·falinn

▸*Ich möchte eine Nacht | zwei, drei Nächte bleiben.*
Ég ætla að gista hér í eina nótt | í tvær, þrjár nætur.
jäɣ ai^{h}tla a gista chjär i: äina nou^{h}tt| i: twair, þrjaur naitür

▸*Ich habe einen Schlafsack dabei.*
Ég er með svefnpoka.
jäɣ är mä swäb·poka

Wortliste Jugendherberge

▸*Ich brauche ... | Kann ich ... leihen?*
Mig vantar ... | Er hægt að lána ... ?
miɣ wantar ... | är haicht a launa ...

Bettwäsche	rúmföt *n/pl*	ru:m·föt
eine Bettdecke	sæng *f*	saiŋg
ein Bettlaken	lak *n*	lak
eine Decke	ábreiðu *f*	au·bräiðü
ein Kissen	kodda *m*	kodda
einen Schlafsack	svefnpoka *m*	swäb·poka

Wer auch außerhalb von Reykjavík nicht auf einen gewissen Komfort verzichten möchte, dem stehen neben Jugendherbergen andere Optionen offen. An vielen Stellen im Land gibt es kleine Ansammlungen von **Ferienhäusern**, mal modern, mal nostalgisch, für eine Nacht oder eine Woche. Hier lohnt sich auf jeden Fall rechtzeitige Reservierung! Es gibt aber auch eine Reihe von gehobenen **Hotelketten im Land**, z.B. *Icelandair*, *KEA* oder *Foss Hotels*, oft in schöner Umgebung gelegen, aber ebenso oft uninspirierte Betonklötze oder Containerparks, denen es an Atmosphäre fehlt. In den Sommerferien (Mitte Juni bis Ende August) vermieten auch einige **Internatsschulen** ihre Zimmer an Touristen; diejenigen, die zur Kette der *Edda Hotels* gehören, sind besonders komfortabel, aber auch besonders teuer.

Selbst einfache Pensionen und Hotels bieten meist Buffet zum Frühstück und Abendessen, wobei letzteres oft unverhältnismäßig teuer ist – auch bei Hotelunterkunft kann sich der vorausgehende Supermarktbesuch also lohnen. Zum Wortschatz siehe "In der Stadt" ab S. 61 sowie "Essen & Trinken" ab S. 169.

▸*Kann ich ein Einzelzimmer | Familienzimmer mieten?*
Er hægt að fá leigt herbergi fyrir einstakling | fjölskyldu?
är haicht a fau läicht härbärgi fyrir äin·sta^{h}kliŋ | fjöl·skildü

▸*Hat das Haus hergerichtete Betten?*
Er húsið leigt út með uppábúnum rúmum?
är hu:sið läicht u:t mä ü^{h}pp·au·bu:nüm ru:müm

▸*Handelt es sich um eine Schlafsackunterkunft?*
Er húsið leigt út fyrir svefnpoka?
är hu:sið läicht u:t firir swäb·poka

▸*Kann ich | können wir das Zimmer | die Zimmer ansehen?*
Má ég | megum við sjá herbergið | herbergin?
mau jäɣ | mäɣüm wið sjau härbärgið | härbärgin

▸*Hat das Haus Internetzugang? Ja, WLAN.*
Er húsið með aðgengi að interneti? Já, þráðlaus nettenging.
är hu:sið mä að·gäiŋgi a internäti. jau, þrauð·löis nät·täiŋgiŋ

Und zu guter Letzt: **Bændagisting** – oft sieht man mittlerweile auch den englischen Begriff *Farm Holidays* – ist eine gute Alternative zur Jugendherberge, aber billiger als ein Ferienhäuschen und charmanter als ein Hotel. Die Unterkünfte eignen sich für Gruppen, aber es stehen auch Einzel- und Familienzimmer zur Verfügung. Es gibt online leider derzeit keine wirklich zufriedenstellende Übersicht zum reichhaltigen Angebot, und der Begriff *Farm Holidays* wird von verschiedenen Anbietern unterschiedlich ausgelegt. Wir empfehlen hier wiederum die Recherche über soziale Netzwerke – oder beim Betreiber auf Isländisch anfragen, das macht Eindruck!

Mit Kindern reisen

Generell: Island ist eine sehr kinderfreundliche Nation und für viele der jung verheirateten Isländerinnen und Isländer gehören mehrere eigene Kinder fest zum Lebensalltag. Wenn Sie mit Kindern reisen und Island als Reiseziel gewählt haben, empfehlen wir Ihnen die Anschaffung eines klassischen Reiseführers (Tipps am Ende des Buches): Entdecken Sie vorher mit den Kindern zusammen, was es alles zu sehen gibt. Schon aufgrund der grandiosen Landschaft und Natur kann man als Eltern viele **Abenteuer** bieten, die in dieser Form bei uns oft unmöglich sind, vom Besuch der heißen Springquelle über einen Vulkanaufstieg, Ausritte auf kleinen Islandpferden, Baden in warmen Quellen bis hin zum Erkunden gruseliger Felslabyrinthe – und mancherorts sieht man sogar ein paar lebensgroße Trolle (aus Pappmaschee)!

Die Deutsche Bibliothek in Hafnarfjörður (bokasafnhafnarfjardar.is/deutsche-bibliothek) lädt regelmäßig zu Kinderveranstaltungen und mehr.

Reykjavík hat einen kleinen **Zoo** (*Fjölskyldu- og húsdýragarðurinn*, **mu.is**) und natürlich den Weiher *Tjörnin*, an dem unzählige Vögel gefüttert werden wollen. Im ganzen Land sind viele Museen spannend aufbereitet, wie das Sagamuseum in der Hauptstadt, das Walmuseum in Húsavík oder auch das Geistermuseum *Draugasetrið* in *Stokkseyri* an der Südwestküste. Schwimmbäder haben oft große Kinderbecken und stellen auch Spielzeug bereit. Im Sommer ist *Nauthólsvík* (**nautholsvik.is**), der kleine Stadtstrand in Reykjavík, einen **Badebesuch** wert. Und schließlich gibt es in fast jedem Ort mindestens einen Spielplatz. Fragen Sie in jedem Fall immer nach einer **Kinderermäßigung**; vor allem Fahr- und Eintrittspreise sind vielfach reduziert, bis zu einem gewissen Alter sogar kostenlos. Kinder unter 6 Jahren fahren übrigens in Strætó kostenlos. Und nicht vergessen: Jeden Samstag ist **Nammidagur**, der Süßigkeitentag, an dem lose Süßigkeiten nur die Hälfte kosten!

▸*Gibt es eine Ermäßigung für Kinder?*
Er afsláttur fyrir börn?
är aw·slau^{h}ttür firir bördn

▸*Gibt es ein ermäßigtes Ticket für Kinder?*
Er hægt að fá afsláttarmiða fyrir börn?
är haicht a fau aw·slau^{h}ttar·miða firir bördn

▸*Mein Sohn ist ein Jahr alt.*
Sonur minn er eins árs gamall.
sonür minn är äins aurs gamadl

▸*Meine Tochter ist zwei Jahre alt.*
dóttir mín er tveggja ára gömul.
douhttir mi:n är twäggja aura gömül

▸*Wir brauchen ein extra Kinderbett mit Wickelauflage.*
Okkur vantar aukabarnarúm með skiptiborði.
o^{h}kkür wantar öika·bardna·ru:m mä skifti·borði

▸*Kann ich einen Kinderwagen | Buggy leihen?*
Er hægt að lána barnavagn | barnakerru?
är haicht a launa bardna·vag | bardna·kärrü

▸*Gibt es für heute Abend einen Babysitter?*
Er hægt að fá barnapíu í kvöld?
är haicht a fau bardna·pi:ü i: kwöld

▸*Haben Sie für den Leihwagen einen Kindersitz?*
Áttu barnastól fyrir bílaleigubílinn?
au^{h}ttü bardna·stoul firir bi:la·läiɣü·bi:linn

▸*Gibt es einen Kindersitz für das Fahrrad zum Ausleihen?*
Get ég fengið lánaðan barnastól fyrir reiðhjólið?
gjät jäɣ fäiŋgið launaðan bardna·stoul firir räið·chjoulið

▸*Kann ich einen Fahrradhelm | Reithelm für Kinder ausleihen?*
Get ég fengið lánað hjólahjálm | reiðhjálm fyrir börn?
gjät jäg fäiŋgið launað chjoula·chjaulm | räið·chjaulm firir bördn

▸*Gibt es einen Spielplatz in der Nähe?*
Er leikvöllur hér í nágrenninu?
är läik·wödlür chjär au nau·gränninü

▸ *Wo kann ich meinem Kind die Windeln wechseln?*
Hvar get ég skipt á barninu mínu?
kwar gjät jäɣ skift au bardninü mi:nü

▸ *Wo kann ich Babynahrung | Windeln kaufen?*
Hvar get ég keypt barnamat | bleyjur?
kwar gjät jäɣ käift bardna·mat | bläijür

▸ *Haben Sie einen Kinderhochstuhl fürs Essen?*
Áttu matarstól fyrir börn?
au^{h}ttü matar·stoul firir bördn

▸ *Können Sie bitte das Fläschchen wärmen?*
Getur þú hitað upp barnapelann?
gjätürðü hitað ü^{h}pp bardna·pälann

▸ *Gibt es ein Kindergericht?*
Er barnamatur til?
är bardna·matur til

▸ *Kann ich einen kleinen Löffel für unser | mein Kind haben?*
Get ég fengið litla skeið fyrir barnið okkar | mitt?
gjät jäɣ fäiŋgið li^{h}tla skäið firir bardnið o^{h}kkar | mi^{h}tt

Wortliste (Klein-)Kinder

Babyfläschchen	barnapeli *m*	bardna·päli
Babypuder	barnapúður *m*	bardna·pu:ður
Babysitter	barnapía *f*	bardna·pi:a
Buggy	barnakerra *f*	bardna·kärra
Kindersitz	barnastóll *m*	bardna·stoudl
Kinderteller	barnamáltíð *f*	bardna·maul·ti:ð
Kinderwagen	barnavagn *m*	bardna·wag
Schnuller	snuð *n*	snü:ð
Spielplatz	leikvöllur *m*	läik·wödlür
Spielzeug	leikfang *n*	läik·fauŋg
Wickelauflage	skiptiborð *n*	skifti·borð
Windeln	bleyjur *f/pl*	bläijür

Essen & Trinken

Im Restaurant 171

Von der Speisekarte 174

Brunch, Kaffee & Kuchen 180

Getränke 184

Ein Wort zu landestypischen Gerichten 185

Hamburger in Íslenski Barinn, Reykjavík

Für Urlauber aus Mitteleuropa ist Essen und Trinken in Island nicht gerade billig. Trotzdem ist man gut beraten, sich nicht nur von **Fastfood** zu ernähren, obwohl Hamburger und Pommes bereits Kultstatus erreicht haben und in zahlreichen Restaurants und Bars (in meist hoher Qualität) serviert werden; 15 Euro aufwärts müssen Sie ohne Getränk rechnen, oft mehr; günstiger sind da immer noch die klassischen (aber wenig attraktiven) Hot Dogs (*pylsa*). Reykjavík und Akureyri, die beiden größten Orte, haben jedoch viele kleine und große Restaurants, von einfach bis exquisit, die auch Anderes für den Magen bieten und dabei auch Vegetarier/Veganer nicht vergessen. Fast alle Restaurants, auch die 'feinen', bieten in der Regel einen günstigeren **Mittagstisch**. Abendessen wird oft als Menü serviert und liegt dann schnell beim doppelten Preis, beginnt also bei rund 40 Euro; Klassiker sind Lamm und Lachs. Etwas preiswerter sind die gemütlichen Cafés, selten noch mit Selbstbedienung. Gerade in der Innenstadt von Reykjavík sind einige alteingesessene Betriebe leider Fastfoodketten gewichen, die nun liebloses Take-Away-Food servieren statt traditionelles Gebäck – hier bestimmen kurzsichtig Umsatz und Mieteinnahmen. Wir verzichten hier weitgehend auf die Nennung einzelner Restaurants, besser informieren Sie sich aktuell im Internet!

Leitungswasser ist immer kostenlos (in jüngster Vergangenheit wollte ein isländisches Hotel mit leichtgläubigen Touristen Geld machen ...), Softdrinks etwas teurer als in Deutschland, Alkohol viel teurer; fragen Sie am späten Nachmittag und frühen Abend nach **Happy Hour**-Angeboten! Auf dem Land bieten zumindest die meisten Tankstellen eine Imbissbude, einen Kiosk oder einen kleinen Supermarkt zur Selbstversorgung. In manchen Gästehäusern und vielen Schlafsackunterkünften kann man in einer einfachen Küche Essen zubereiten.

Im Restaurant

▸ *Wo gibt es ein gutes / preiswertes Restaurant?*
Hvar finn ég góðan | ódýran veitingastað?
kwar finn jäɣ gouðan | ou·di:ran väitiŋga·stað

▸ *Wo kann man gut und preiswert essen?*
Hvar er hægt að fá góðan og ódýran mat?
kwar är haicht a fau gouðan o ou·di:ran mat

▸ *Muss ich einen Tisch bestellen?*
Þarf ég að panta borð?
þarw jäɣ a panta borð

▸ *Ich möchte für heute Abend einen Tisch für Zwei bestellen.*
Ég ætla að panta borð fyrir tvo í kvöld.
jäɣ ai^{h}tla a panta borð firir two i: kwöld

Das erste Gasthaus am Platz: Gamli Baukur in Húsavík

▸ *Wir hätten gerne einen Tisch für vier Personen.*
Gætum við fengið borð fyrir fjóra?
gaitüm wið fäiŋgið borð firir fjoura

▸ *Wir möchten etwas essen / trinken.*
Við ætlum að fá eitthvað að borða | drekka.
wið ai^{h}tlüm a fau äi^{h}tt·kwað a borða | drä^{h}kka

▸*Kann ich die Speisekarte | Getränkekarte haben?*
Má ég líta á matseðilinn | drykkjarkortið | vínseðilinn [alk.]?
mau jäɣ li:ta au mat·säðilinn | dri^{h}kkjar·kortið | wi:n·säðilinn

▸*Gibt es einen Kinderteller?*
Er hægt að fá barnamáltíð?
är haicht a fau barna·maul·ti:ð

▸*Haben Sie vegetarisches Essen | veganes Essen?*
Áttu til grænmetismat | vegan mat?
au^{h}ttü til grain·mätis·mat | wägan mat

▸*Gibt es ein Tagesgericht? Ich bin Vegetarier.*
Er til réttur dagsins? Ég er grænmetisæta.
är til rjä^{h}ttür daksins. jäɣ är grain·mätis·aita

▸*Welches Fleischgericht | Fischgericht können Sie empfehlen?*
Hvaða kjötrétt | fiskrétt mundir þú mæla með?
kwa:ða kjöt·rjä^{h}tt | fisk·rjä^{h}tt mündirðü maila mä

▸*Als Vorspeise nehme ich Fischsuppe mit hausgemachtem Brot.*
Í forrétt ætla ég að fá fiskisúpu með heimabökuðu brauði.
i: for·rjä^{h}tt ai^{h}tla jäɣ a fau fiski·su:pü mä häima·böküðü bröiði

▸*Als Hauptgericht nehmen wir den Fisch des Tages mit Risotto.*
Í aðalrétt ætlum við að fá fisk dagsins með rísottó.
i: aðal·rjä^{h}tt ai^{h}tlüm wið a fau fisk daksins mä ri:so^{h}ttou

▸*Als Dessert möchte ich Blaubeereis mit Walnüssen.*
Í eftirrétt ætla ég að fá bláberjaís með valhnetum.
i: äftir·rjä^{h}tt ai^{h}tla jäɣ a fau blau·bärja·i:s mä wal·hnätüm

▸*Ich möchte ein Bier | ein Glas Wein | eine Cola | eine Limo | Wasser.*
Mig langar í bjór | glas af víni | kók | gos | vatn.
miɣ lauŋgar i: bjour | glas a wi:ni | kouk | go:s | wa^{h}tn

▸*Kann ich bitte etwas mehr Brot | Butter | Soße bekommen?*
Má ég fá meira brauð | smjör | meiri sósu?
mau jäɣ fau mäira bröið | smjör | mäiri sousü

▸*Kann ich eine Nachfülltasse [Kaffee, Tee] bekommen?*
Get ég fengið ábót?
gjät jäɣ fäiŋgið au·bout

▸*Ich habe eine Allergie gegen Milchprodukte.*
Ég er með ofnæmi fyrir mjólkurvörum.
jäɣ är mä ow·naimi firir mjoulkür·wörüm

▸*Haben Sie laktosefreie Milchprodukte?*
Áttu laktósafríar mjólkurafurðir?
au^{h}ttü la^{h}ktousa·fri:ar mjoulkür·aw·ürðir

▸*Ich habe eine Unverträglichkeit vor allem gegen Nüsse.*
Ég er með óþol sérstaklega fyrir hnetum.
jäɣ är me ou·þol sjä:r·stak·leɣa firir hnätüm

▸*Haben Sie glutenfreies Brot?*
Áttu glútenfrítt brauð?
au^{h}ttü glu:ten·fri:^{h}tt bröið?

▸*Das Essen war ausgezeichnet | schlecht.*
Maturinn war frábær | ekki góður.
matürinn war frau·bair | ä^{h}kki gouður

Graffiti in Reykjavík, contra Walfang

Beanstandungen

▸*Hier fehlt eine Gabel | ein Messer | ein Löffel ...*
Það vantar gaffal | hníf | skeið ...
það wantar gaffal | hníf | skäið

... *ein Teller | ein Glas | eine Serviette.*
... disk | glas | servíettu (munnþurrku).
... disk | glas | särviättü (mün·þürkü)

▸*Das habe ich nicht bestellt. Ich möchte bitte etwas anderes.*
Þetta pantaði ég ekki. Ég vil fá eitthvað annað.
þä^{h}tta pantaði jäɣ ä^{h}kki. jäɣ wil fau ei^{h}tt·kwað annað

▸*Das Essen schmeckt mir nicht.*
Mér finnst maturinn ekki góður.
mjär finnst matürinn ä^{h}kki gouður

▸*Es ist zu fett | kalt | sauer | zäh | salzig | scharf.*
Hann er of feitur | kaldur | súr | seigur | saltur | sterkur.
Hann är ow fäitür | kaldür | su:r | säiɣür | saltür | stärkür

Bezahlen

▸*Die Rechnung und eine Quittung, bitte.*
Gæti ég fengið reikning og kvittun takk.
gaiti jäɣ fäiŋgið räi^{h}kniŋ o kwi^{h}ttün ta^{h}kk

▸*Bitte alles zusammen.*
Allt borgað saman.
allt borgað saman

▸*Wir möchten getrennt bezahlen.*
Við ætlum að borga hver fyrir sig.
wið ai^{h}tlüm a borga kwär firir siɣ

Cocktails im Apótek Restaurant, Reykjavík

Von der Speisekarte

Wortliste Speisekarte

Bio	lífrænn	li:w·raidn
Desserts	eftirréttir *m/pl*	äftir·rjä^{h}ttir
Gerichte	matarréttir *m/pl*	matar·rjä^{h}ttir
glutenfrei	glútenfrítt	glu:tän·fri^{h}tt
Hauptgerichte	aðalréttir *m/pl*	aðal·rjä^{h}ttir
vegan	vegan	wägan
vegetarisch	grænmetis	grain·mätis
Vorspeisen	forréttir *m/pl*	for·rjä^{h}ttir

(Beliebte) Vorspeisen (forréttir)

Blumenkohlsuppe	blómkálssúpa *f*	bloum·kauls·su:pa
Currykokossuppe	karrýkókossúpa *f*	karri·koukos·su:pa
Fingerfood	fingramatur *m*	fiŋgra·matür
Fischsuppe	fiskisúpa *f*	fiski·su:pa
Fleischsuppe	kjötsúpa *f*	kjöt·su:pa

gemischte Platte	forréttaplatti *m*	for·rjä^{h}tta·pla^{h}tti
Pilzsuppe	sveppasúpa *f*	swä^{h}ppa·su:pa
Tomatensuppe	tómatsúpa *f*	toumat·su:pa

Hauptgerichte (aðalréttir)

Fleisch (kjöt)

Beefsteak, Frikadelle	buff *n*	büff
Ente	önd *f*	önd
Fleisch	kjöt *n*	kjöt
Fleischbällchen	kjötbollur *f/pl*	kjöt·bollür
Gans	gæs *f*	gaiss
Geflügel	fuglar *m/pl*	füglar
gesengter Schafskopf	svið *n/pl*	swið
Hähnchen	kjúklingur *m*	kju^{h}kliŋgür
Hähnchenbrust	kjúklingabringa *f*	kju^{h}kliŋga·briŋga
Hähnchenflügel	kjúklingavængir *f*	kju^{h}kliŋga·waiŋgir
Hähnchenschenkel	kjúklingalæri *n*	kju^{h}kliŋga·lairi
Kormoran	svartfugl *m*	swart·fügl
Kotelett	kóteletta *f*	koutelä^{h}tta
Lamm	lamb *n*	lamb
Lammkeule	lambalæri *n*	lamba·lairi

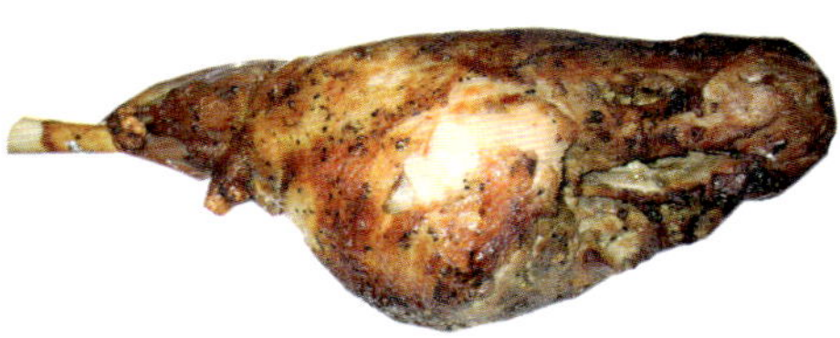

Isländischer Klassiker vom Grill: Lammkeule

Lammkotelett	lambakóteletta *f*	lamba·koutelä^{h}tta
Lammrücken	lambahryggur *m*	lamba·hriggür
Papageientaucher	lundi *m*	lünti
Pferdefleisch	hrossakjöt *n*	hrossa·kjöt
Pute	kalkúnn *m*	kalku:dn
Rentier	hreindýr *n*	hräin·di:r
Rindfleisch	naut *n*	nöit
Rumpsteak	nautasteik *f*	nöita·stäik
Schneehuhn	rjúpa *f*	rju:pa
Schwein	grís *n*	gri:ss
Würstchen	pylsa *f*; pylsur *f/pl*	pilsa; pilsür

Meeresfrüchte (sjávarréttir)

Fischfang hat Tradition auf Island und das Angeln, Trocknen und Verarbeiten von Fisch wird auch von Privatleuten betrieben. Ob man als Tourist allen Angeboten verfallen möchte, ist eine andere Frage ... Fischgerichte in Restaurants und Bars haben jedenfalls immer eine hohe Qualität.

Aal	áll *m*	audl
Dorsch, Kabeljau	þorskur *m*	þorskür
Fisch	fiskur *m*	fiskür
Forelle	silungur *m*	siluŋgür
Hai	hákarl *m*	hau·kadl
Hecht	gedda *f*	gädda
Heilbutt	lúða *f*	lu:ða
Hering	síld *f*	si:ld
Hummer	humar *m*	hümar
Hummerschwänze	humarhalar *m/pl*	hümar·halar

Jakobsmuscheln	hörpudiskar *f/pl*	hörpü·diskar
Kaviar	kavíar *m*	kawiar
Klippfisch	saltfiskur *m*	salt·fiskür
Lachs	lax *m*	laks
Miesmuscheln	kræklingar *m/pl*	krai^{h}k·liŋgar
Rochen	skata *f*	skata
Sardinen	sardínur *f/pl*	sardi:nür
Schalentiere	skeldýr *n/pl*	skäl·di:r
Schellfisch	ýsa *f*	i:sa
Scholle	rauðspretta *f*	röið·sprä^{h}tta
Shrimps	rækjur *f/pl*	raikjür
Trockenfisch	harðfiskur *m*	harð·fiskür
Tunfisch	túnfiskur *m*	tu:n·fiskür
Wal	hvalur *m*	hwalür

Gemüse (grænmeti)

Auberginen	eggaldin *n*	ägg·aldin
Blumenkohl	blómkál *n*	bloum·kaul
Bohnen (grüne)	baunir *f/pl*	böinir
Brokkoli	brokkolí *n*	bro^{h}kkoli
Erbsen	grænar baunir *f/pl*	grainar böinir
Fenchel	fenníka *f*	fännika
Gurke	agúrka *f*	a·gurka
Knoblauch	hvítlaukur *m*	kwi:t·löikür
Kohl	kál *n*	kaul
Kohlrabi	hnúðkál *n*	hnu:ð·kaul
Lauch	púrra *f*	purra
Mais	maís *m*	ma:is
Möhren	gulrætur *f/pl*	gül·raitür
Paprika	paprika *f*	pabrika

Pilze	sveppir *m/pl*	swä^{h}ppir
Rosenkohl	rósakál *n*	rousa·kaul
rote Bete	rauðrófur *f/pl*	röið·rouwür
Rotkohl	rauðkál *n*	röið·kaul
Salat (grüner)	grænt salat *n*	graint salat
Sellerieknolle	sellerírót *f*	sälleri·rout
Spargel	spergill *m*; aspas *m*	spärgidl; aspas
Spinat	spínat *n*	spi:nat
Stangensellerie	sellerí *n*	sälleri
Tomaten	tómatar *m/pl*	toumatar
Weißkohl	hvítkál *n*	kwi:t·kaul
Zucchini	kúrbítur *m*	ku:r·bitür
Zwiebel	laukur *m*	löikür

Beilagen (meðlæti)

Fritten; Pommes	franskar *f/pl* (*ugs.*)	franskar
Kartoffeln	kartöflur *f/pl*	kartöblür
Kartoffelbrei	kartöflumús *f*; kartöflustappa *f*	kartöblü·mu:s; kartöblü·sta^{h}ppa
Kartoffelsalat	kartöflusalat *n*	kartöblü·salat
Nudeln	núðlur *f/pl*	nu:ðlür
Pasta	pasta *n*	pasta
Reis	hrísgrjón *n/pl*	hri:s·grjoun
Risotto	rísottó *n*	ri:so^{h}ttou
Röstzwiebeln	steiktur laukur *m*	stäichtür löikür
Soße	ídýfa *f*; sósa	i:di:wa; sousa

Gewürze (krydd)

Essig	edik *n*	ädik
Ketchup	tómatsósa *f*	toumat·sousa
Majonäse	majónes *n*	majounäs
Öl	olía *f*	olia
Paprika(pulver)	paprikuduft *n*	paprikü·düft
Petersilie	steinselja *f*	stäin·sälja
Pfeffer	pipar *m*	pipar
Salz	salt *n*	salt
Schnittlauch	graslaukur *m*	gras·löikür
Senf	sinnep *n*	sinnäp
Vanille	vanilla *f*	wanilla
Zimt	kanill *m*	kanidl
Zucker	sykur *m*	sikür

Zubereitungsarten

gebraten	steikt	stäicht
gedünstet	gufusoðið	güwü·soðið
gegrillt	grillað; glóðarsteikt	grillað; glouðar·stäicht
gekocht	soðið	soðið
gepökelt	saltað	saltað
geräuchert	reykt	räicht
hausgemacht	heimalagað	häima·laɣað
medium	hálfsteikt	haulf·stäicht
roh	hrátt	hrau^{h}tt
überbacken	yfirbakað	iwir·bakað

Nachtisch (eftirréttir)

Baiser	marengs *n/f*	ma:räŋs
Eis in der Waffel	ís í brauðformi *m*	i:s i: bröið·formi
Erdbeereis	jarðarberjaís *m*	jarðar·bärja·i:s
Schokoladeneis	súkkulaðiís *m*	su^{h}kkülaði·i:s
Vanilleeis	vanilluís *m*	wanillü·i:s
Käseplatte	ostaplatti *m*	osta·plahtti
Kuchen	kaka *f*	kaka
Obstsalat	ávaxtasalat *n*	auwaksta·salat
Pfannkuchen	pönnukaka *f*	pönnü·kaka
Pudding	búðingur *m*	bu:ðiŋgür
Schokoladencreme	súkkulaðimús *f*	suhkkülaði·mu:s
Waffel	vaffla *f*	waffla
mit Sahne	með rjóma	mä rjouma
Zitronencreme	sítrónukrem *n*	si:trounü·kräm

Brunch, Kaffee & Kuchen

In Island gibt es eine starke Kaffeehauskultur (Foto: *Bláa Kannan* in Akureyri), die vom schlichten Filterkaffee bis zu handgemachten Pasteten und Pralinen vieles bietet. Beliebt ist auch bei Isländern der Brunch, nicht nur am Wochenende. Nicht zu verwechseln: Viele Cafés bieten amerikanische pancakes, die mit isländischen *pönnukökur*, sehr dünne Pfannkuchen, wenig gemein haben.

Bacon, Speck	beikon *n*	bäikon
Bagel	beygla *f*	bäigla
Baked Beans	bakaðar baunir *f*	bakaðar böinir

Brot	brauð *n*	bröið
Baguette	langloka *f*	lauŋg·loka
Brötchen	rún(n)stykki *n*	ru:n·sti^{h}kki
Fladenbrot	flat|kaka *f*, -brauð *n*	flat·kaka, -bröið
Knäckebrot	hrökkbrauð *n*	hrö^{h}kk·bröið
Roggenbrot	rúgbrauð *n*	ru:·bröið
Sandwich	samloka *f*	sam·loka
Toastbrot	ristað brauð *n*	ristað bröið
Vollkornbrot	heilhveitibrauð *n*	häil·kwäiti·bröið
Vollkornhörnchen	heilhveitihorn *n*	häil·kwäiti·hordn
Weißbrot	hveitibrauð *n*	kwäiti·bröið

Isländisches Brot ist meist geschmackloses Weißbrot, unserem Toastbrot ähnlich; erst in letzter Zeit werden im Großraum Reykjavík auch gehaltvollere Brotsorten angeboten. Kaufen Sie nicht im Supermarkt, sondern in der Bäckerei (*bakarí*); ein Laib Brot kann dort allerdings umgerechnet 10 Euro kosten. Eine Spezialität ist *hverabrauð* ('Heiße-Quellen-Brot'), ein dunkles und leicht süßes Roggenbrot; es wird bis zu 24 Stunden (in heißen Quellen) gegart.

Butter	smjör *n*	smjö:r
Buttermilch	áfir *f/pl*	au·wir
Cornflakes	kornflögur *f/pl*	kordn·flöɣür
Donut	kleinuhringur *m*	kläinü·hriŋgür
Ei	egg *n*	ägg
hartgekochtes Ei	harðsoðið egg *n*	harð·soðið ägg
weichgekochtes Ei	linsoðið egg *n*	lin·soðið ägg
Rührei	hrærð egg *n/pl*	hrairð ägg
Spiegelei	spælt egg *n*	spailt ägg
Hafergrütze, -brei	hafragrautur *m*	hawra·gröitür

Honig	hunang *n*	hü:nauŋg
Joghurt	jógúrt *f*	jougurt
Kaffee	kaffi *n*	kaffi
Cappuccino	cappuccino *m*	ca^{h}pputschi:no
Espresso	espressó *n*	äsprässou
Filterkaffee	uppáhellt kaffi *m*	ü^{h}pp·au·hällt kaffi
Milchkaffee, Latte	mjólkurkaffi *n*	mjoulkür·kaffi
Käse	ostur *m*	ostür
Schafskäse	sauða-, kinda|ostur *m*	söiða-, kinda·ostür
Streichkäse	smurostur *m*	smür·ostür
Ziegenkäse	geitaostur *m*	gäita·ostür
(heißer) Kakao	(heitt) súkkulaði *n*	(häi^{h}tt) su^{h}kkülaði
Kuchen	kaka *f*	kaka
Margarine	smjörlíki *n*	smjör·li:ki
Marmelade	sulta *f*	sülta
Milch	mjólk *f*	mjoulk
Dickmilch	þykkmjólk *m*	þi^{h}kk·mjoulk
fettarme Milch	léttmjólk *f*	ljä^{h}tt·mjoulk
Frischmilch	nýmjólk *f*	ni:·mjoulk
Sauermilch	súrmjólk *f*	su:r·mjoulk
Milchshake	mjólkurhristingur *m*	mjóulkür·hristiŋgür
Molke	mysa *f*	misa
Muffin	múffa *f*	muffa
Mus	mauk *n*	möik
Müsli	múslí *n*	mu:sli
Napfkuchen	jólakaka *f*	joula·kaka
Pastete	pæ *n*	pai
Pfannkuchen	pönnukökur *f/pl*	pönnü·kökür
Pfefferkuchen	piparkökur *f/pl*	pipar·kökür
Praline	konfektmoli *m*	konfäkt·moli

Quark	kvarg *n*	kwarg
Rhabarberkuchen	rabarbarakaka *f*	rabarbara·kaka
Sahne	rjómi *m*	rjoumi
saure Sahne	sýrður rjómi *m*	si:rðür rjoumi
Schlagsahne	þeyttur rjómi *m*	þäi^{h}ttür rjoumi
Sandwich	samloka *f*	sam·loka
Scheibe(n)	sneið(ar) *f*	snäið(ar)
Schinken	skinka *f*	skiŋka
Schmalzgebäck	kleinur *f/pl*	kläinür
Schokoladenkuchen	súkkulaðikaka *f*	su^{h}kkülaði·kaka
Scones	skonsur *f/pl*	skonsür
Tee	te *n*	tä
Früchtetee	ávaxtate *n*	au·waksta·tä
grüner Tee	grænt te *n*	graint tä
Kräutertee	jurtate *n*	jürta·tä
schwarzer Tee	svart te *n*	swart tä
Torte; Tortenstück	terta *f*; tertubiti *m*	tärta; tärtü·biti
Waffeln	vöfflur *f/pl*	wöfflür
Windbeutel	bolla *f*, bollur *f/pl*	bolla, bollür

Obst (ávextir)

Ananas	ananas *m*	ananas
Apfel	epli *n*	ä^{h}pli
Apfelsine	appelsína *f*	a^{h}ppel·si:na
Banane	banani *m*	banani
Birne	pera *f*	pära
Blaubeeren	bláber *n/pl*	blau·bär
Erdbeeren	jarðarber *n/pl*	jarðar·bär
Himbeeren	hindber *n/pl*	hind·bär
rote Johannisbeeren	rifsber *n/pl*	ribs·bär

schw. Johannisbeeren	sólber *n/pl*	soul·bär
Kirschen	kirsuber *n/pl*	kirsü·bär
Krähenbeeren	krækiber *n/pl*	kraiki·bär
Moltebeeren	múltuber *n/pl*	multü·bär
Rhabarber	rabarbari *m*	rabarbari
Trauben	vínber *n/pl*	wi:n·bär

Getränke

Alkoholische Getränke (áfengir drykkir)

Alkohol ist in Island sehr teuer, vor allem in Bars und Restaurants; am frühen Abend gibt es teils Happy Hour-Preise. Neben Bierklassikern wie dem 'Víking' (Foto: in Akureyri) gibt es mittlerweile eine Vielzahl an Spezialbieren größerer und kleinerer Brauereien, teils nur zu bestimmten Jahreszeiten. Auch Cocktails erfreuen sich großer Beliebtheit.

Bier (über 2,5%)	bjór *m*	bjour
Champagner	kampavín *n*	kampa·wi:n
Cocktail	kokteill *m*;	kocktäil;
	hanastél *n*	hana·stjä:l
Cognac	koníak *n*	konjak
Likör	líkjör *m*	li:kjör
Portwein	portvín *n*	port·wi:n
Rotwein	rauðvín *n*	röið·wi:n
Schnaps	brennivín *n*	bränni·wi:n
Sherry	sérrí *n*	särri
Weißwein	hvítvín *n*	kwi:t·wi:n
Whisky	viskí *n*	wiski

Nichtalkoholische Getränke (óáfengir drykkir)

Cola	kók *f oder n*	kouk
Limo	gos *n*	gos
Mineralwasser	sódavatn *n*	souda·wa^{h}tn
mit Eiswürfeln	með klökum	mä klöküm
mit Kohlensäure	með kolsýru	mä kol·si:rü
ohne Kohlensäure	án kolsýru	aun kol·si:rü
Saft	safi *m*	sawi
Apfelsaft	eplasafi *m*	ä^{h}pla·sawi
Fruchtsaft	djús *n oder m*	dju:s
Orangensaft	appelsínusafi *m*	a^{h}ppel·sínü·sawi
Tomatensaft	tómatsafi *m*	toumat:sawi
Smoothie	búst (boost) *m*	bu:st
Wasser	vatn *n*	wa^{h}tn

Ein Wort zu landestypischen Gerichten

Obwohl es in Island an jeder Ecke Hamburger und Hot Dogs gibt, existieren weiterhin auch 'echte' isländische Gerichte, die sehr viel interessanter, aber auch gewöhnungsbedürftig sind. Bei den Fleischgerichten ist vor allem **svið**, der gesengte Schafskopf, der einen mit traurigen Augen anschaut, nicht jedermanns Sache, ebenso wenig wie **hrútspungar**, Widderhoden, die meist als Sülze serviert werden; bei *svið* gilt das Auge als besonderer Leckerbissen. Weniger Überwindung kosten **lifrarpylsa** sowie **blóðmör**, Leberwurst und Blutwurst, die zu *Þorrablót*, einer

Þorramatur, appetitlich serviert

traditionellen Festzeit Ende Januar, als *Þorramatur* angeboten werden. Zu dieser Zeit gibt es auch allerlei sauer eingelegte Fleischsülzen. Richtig gut schmeckt **hangikjöt**, geräuchertes Lammfleisch, das es in Supermärkten allerdings oft nur als Aufschnitt gibt – nicht zu vergleichen mit einem Stück direkt vom Bauern. Dazu wird **rófustappa**, Rübenmus, gegessen. Fleischprodukte werden gelegentlich auch auf lokalen Messen vorgestellt, mit etwas Glück kann man dort allerlei Spezialitäten günstig probieren!

Abgesehen von **hákarl**, dem (einst vergrabenen) vergorenen Hai, der heute in kleinen Dosen verkauft wird, ist unter den Fischgerichten **plokkfiskur** ein typisches und wirklich schmackhaftes Essen; früher eher Resteverwertung, wird heute gekochter Fisch (meist Kabeljau oder Schellfisch) mit gekochten Kartoffeln und weiteren Zutaten zu einem groben Brei gestampft und mit süßlichem Roggenbrot und Butter serviert. Beliebt und überall erhältlich ist auch **harðfiskur** (Foto), getrockneter Fisch, mit Butter ein echter Genuss, und als geschmacksintensiver Snack auch für Touren zu empfehlen. Wem das alles noch nicht reicht, dem sei schließlich **skata** empfohlen, fermentierter Rochen, der (teils mit Hammelfett übergossen) serviert wird, vor allem kurz vor Weihnachten.

Zu vielen traditionellen Gerichten wird (wohl nicht ohne Grund) **Brennivín**, der isländische Schnaps, serviert. Während *Þorrablót*, aber auch zu anderen Zeiten des Jahres, gibt es für kurze Zeit **spezielle Biersorten** (Foto), auch Met, teils mit deutlich höherem Alkoholgehalt. Fragen Sie im Restaurant oder in der Bar nach Spezialitäten, längst nicht alles steht auf der Karte!

Behindert, krank, verletzt

Reisen mit körperlicher Behinderung 188

Krank oder verletzt 191

Beim Zahnarzt 198

In der Apotheke 200

Reisen mit körperlicher Behinderung

Allein schon von Landschaft und Natur her ist Island sicherlich nicht das einfachste Land für Menschen mit einer körperlichen Behinderung. Das gilt aber auch für Aufenthalte in der Stadt. Nur Parkausweise mit Rollstuhlsymbol für schwerbehinderte Menschen mit außergewöhnlicher Gehbehinderung (aG) werden anerkannt; sämtliche anderen ausländischen Behindertenausweise werden (auch auf Hotelparkplätzen) meist nicht anerkannt, Strafzettel drohen. In älteren oder kleineren Unterkünften sind zudem allerlei Hürden, etwa Treppenstufen oder Türschwellen, zu überwinden. Zumindest aber in Reykjavík und Akureyri finden sich in manchen Hotels ausdrücklich behindertengerechte Zimmer; bei Buchung sollte man sich immer erkundigen, ob auch Bad/Dusche und WC behindertenfreundlich sind. Supermärkte sind in der Regel für Rollstuhlfahrer zugänglich.

Am Flughafen in Keflavík stehen Rollstühle zur Verfügung; die Fluggesellschaften selbst sind auf Behinderte eingestellt. In den Südwestfjorden ist im *Breiðafjörður* zwischen *Stykkishólmur* und *Brjánslækur* über die Insel *Flatey* die Küstenfähre behindertengerecht, im Süden ebenso die Fähre zwischen Island und *Heimaey*, der Hauptinsel der *Vestmannaeyjar*.

Die Organisation Þekkingarmiðstöð Sjálfsbjargar (Wissenszentrum Selbsthilfe) listet auf Englisch praktische Tipps zu Unterkünften, Ausflügen, Restaurants und Freizeitvergnügen für Personen mit körperlichen Einschränkungen, egal ob Rollstuhl, Gipsbein oder aus Altersgründen (**thekkingarmidstod.is/adgengi/accessible-tourism-in-iceland**). Für Reykjavík liefert darüber hinaus der behindertengerechte Stadtplan unter **access.is** Informationen über die Zugänglichkeit von öffentlichen Gebäuden und Außenanlagen. Und das Unternehmen Iceland Unlimited (**icelandunlimited.is**) bietet unter dem Stichwort 'accessible travel' Reisen für Behinderte zu bestimmten Sehenswürdigkeiten oder Landesteilen an. Es gibt also keinen Grund, Island nicht zu erleben!

Wortliste Behinderung

barrierefrei	aðgengileg(ur)	að·gäiŋgi·läɣür
behindert	fatlaður *m*, fötluð *f*	fa^{h}tlaður, fö^{h}tlüð
hörbehindert	heyrnarskert(ur)	häirdnar·skärt(ür)
körperbehindert	hreyfihamlaður *m*, hreyfihömluð *f*	hräiwi·hamlaður hräiwi·hömlüð
sehbehindert	sjónskert(ur)	sjoun·skärt(ür)
mit eingeschränkten Fähigkeiten	með skerta getu	mä skärta gjätü
Behinderte (pl)	fatlað fólk	fa^{h}tlað foulk
Behindertenausweis	öryrkjaskírteini	ör·irkja·ski:rtäini
behindertengerecht	hæft fyrir öryrkja	haift firir ör·irkja
Behindertenparkplatz	bílastæði fyrir fatlaða	bi:la·staiði firir fa^{h}tlaða
blind	blind(ur)	blind(ür)
gehörlos	heyrnarlaus	häirdnar·löis
Rollstuhl	hjólastóll *m*	hjoula·stoudl

▸*Können Sie mir bitte helfen?*
Getur þú hjálpað mér?
gjätürðü chjaulpað mjär

▸*Ich bin behindert | sehbehindert.*
Ég er hreyfihamlaður (*m*), hreyfihömluð (*f*) | sjónskert(ur) (*f*, *m*).
jäɣ är hräiwi·hamlaður, hräiwi·hömlüð | sjoun·skärt(ür)

▸*Können Sie bitte lauter sprechen? Ich bin hörbehindert.*
Getur þú talað hærra? Ég er heyrnarskert(ur) (*f*, *m*).
gjätürðü talað häirra? jäɣ är häirdnar·skärt(ür)

▸*Ich habe Multiple Sklerose.*
Ég er með heila- og mænusigg.
jäɣ är mä häila o mainü·sigg

Regelmäßig vorhanden, aber mit deutschem Behindertenausweis meist nicht nutzbar ...

▸*Gibt es einen ebenerdigen Zugang?*
Er aðgangur til á jafnsléttu?
är að·gauŋgür til au jabn·slä^{h}ttü

▸*An der Außentür ist eine Schwelle.*
Það er þröskuldur við útidyrnar.
það är þrösküldür wið u:ti·dirdnar

▸*Gibt es eine Auffahrrampe?*
Er til rampi upp á pallinn?
är til rampi ü^{h}pp au padlinn

▸*Die Tür hat einen Bewegungsmelder.*
Það er hreyfiskynjari við útidyr.
það är hräiwi·skinjari wið u:ti·dir

▸*Ist das Restaurant mit dem Rollstuhl gut zugänglich?*
Er veitingarstaðurinn vel aðgengilegur hjólastólum?
är wäitiŋgar·staðürinn wäl að·gäiŋgi·leɣür chjoula·stoulüm

▸*Ist die Toilette mit dem Rollstuhl erreichbar?*
Er salerni aðgengilegt hjólastólum?
är salärdni að·gäiŋgi·lecht chjoula·stoulüm

▸*Der Fahrstuhl geht in alle Stockwerke, alles ist gut erreichbar.*
Það er lyfta alla leiðina upp og fínt aðgengi í alla staði.
það är lifta adla läiðina ü^{h}pp o fi:nt að·gäiŋgi í adla staði

▸*Wo ist der Fahrstuhl?*
Hvar er lyftan?
kwar är liftan

▸*Kann ich meinen faltbaren Rollstuhl mitnehmen?*
Get ég tekið samanleggjanlega hjólastólinn minn með mér?
gjät jäɣ täkið saman·läggjan·leɣa chjoula·stoulinn minn mä mjär

▸*Gibt es einen Behindertenparkplatz?*
Er bílastæði til fyrir fatlaða?
är bi:la·staiði til firir fa^{h}tlaða

▸*Kann ich mit meinem Behindertenausweis hier parken?*
Má ég leggja bílnum hér með örykjaskírteini mínu?
mau jäɣ läggja bi:lnüm chjär mä ör·irkja·ski:rtäini mi:nü

▸*Haben Sie ein ärztliches Dokument über Ihre Behinderung dabei?*
Ert þú með læknabréf þar sem greint er frá fötlun þinni?
ärtü mä laikna·brjä:w þar säm gräint är frau fö^{h}tlün þinni

▸*Ist die Ausstellung für Gehbehinderte gut zugänglich?*
Er sýningin vel aðgengileg fyrir hreyfihamlað fólk?
är si:niŋgin wäl að·gäiŋgi·leɣ firir hräiwi·hamlað foulk

▸*Gibt es eine Museumsführung für Gehörlose | Blinde?*
Er leiðsögn um safnið til fyrir heyrnarlaust fólk | blint fólk?
är läið·sög üm sabnið til firir häirdnar·löist foulk | blint foulk?

▸*Gibt es eine Pferdevermietung für Behinderte?*
Er hestaleiga til fyrir fatlað fólk?
är hästa·läiɣa til firir fa^{h}tlað foulk

Krank oder verletzt

Ende des 19. Jahrhunderts, so bemerkte 1904 *Valtyr Gudmundsson* in seinem Buch *Island am Beginn des 20. Jahrhunderts*, gab es in Island sechs Ärzte: einen Landesarzt und fünf Bezirksärzte. Das hat sich zum Glück geändert. Island verfügt heute über ein gut ausgebautes Rettungssystem und ein zufriedenstellendes Gesundheitswesen; Letzteres unterscheidet sich aber vom deutschen. Insgesamt muss man im Krankheitsfall vor allem mit längeren Wartezeiten und höheren Kosten rechnen.

Die kostenlose **Europäische Krankenversichertenkarte** (EHIC) der gesetzlichen Krankenkassen in Deutschland gewährt in Island eine medizinische Grundversorgung – mehr aber auch nicht. Wir empfehlen daher eine **Auslandskrankenversicherung**, die alle Risiken deckt, die die eigene Krankenkasse nicht übernimmt, z.B. einen Krankenrücktransport ins Heimatland. Jeder Arztbesuch schlägt mit einem Eigenanteil zu Buche. Wenn Sie ärztliche Hilfe benötigen, gehen Sie zu einem Gesundheitszentrum, *Heilsugæslustöð*; solche Gemeinschaftspraxen gibt es in allen Regionen. Einzelarztpraxen sind unüblich.

Weitere Infos für deutsche Staatsangehörige unter: **dvka.de**.

Von 17 bis 8 Uhr, an Wochenenden und Feiertagen gibt es im Bezirk Reykjavík einen Notdienst, *Læknavakt* (Tel. 1770, **laeknavaktin.is**). Im Notfall kann man auch eine Krankenhausambulanz aufsuchen; die landesweite Notrufnummer ist die **112**.

Medikamente bekommen Sie ausschließlich in der Apotheke, *apótek*; für höher dosierte oder spezielle Arzneimittel benötigen Sie ein Rezept, anderes gibt es rezeptfrei. **Apotheken** haben während der regulären Geschäftszeiten geöffnet, am Abend ist in Reykjavík zumindest immer eine dienstbereit. Falls man nachts ein Medikament benötigt, muss man zum Krankenhaus fahren. Die beiden bekanntesten pharmazeutischen Ketten sind *Lyf og heilsa* und *Lyfja*. Hier bekommt man auch Kosmetik und Drogeriewaren. Auf der ersten Seite des Telefonbuchs (*símaskrá*) stehen übrigens alle nationalen Notrufnummern (Foto); die **Vorwahl** in Reykjavík lautet ansonsten (00)354-55 bzw. -56.

Arzt	læknir *m*	lai^{h}knir
Augenarzt	augnlæknir *m*	öign·lai^{h}knir
Frauenarzt	kvenlæknir *m*	kwän·lai^{h}knir
HNO-Arzt	háls-, nef- og eyrnalæknir *m*	hauls-näw-o äirdna·lai^{h}knir
Kinderarzt	barnalæknir *m*	bardna·lai^{h}knir
Orthopäde	bæklunarlæknir *m*	bai^{h}klünar·lai^{h}knir
Urologe	þvagfæralæknir *m*	þwaɣ·faira·lai^{h}knir
Zahnarzt	tannlæknir *m*	tann·lai^{h}knir
Krankenhaus	sjúkrahús *n*	sju:kra·hu:s
Krankenwagen	sjúkrabíll *m*	sju:kra·bi:dl
Notruf	neyðarsími *m*	näiðar·si:mi

▸*Mir geht es nicht gut, können Sie mir helfen?*
Mér líður illa, getur þú hjálpað mér?
mjär li:ður idla, gjätürðü chjaulpað mjär

▸*Ich muss zu einem Arzt gehen. Gibt es einen in der Nähe?*
Ég þarf að fara til læknis. Er einhver hér nálægur?
jäɣ þarw a fara til lai^{h}knis. är äin·kvär chjär nau·laiɣür

▸*Rufen Sie bitte einen Arzt | einen Krankenwagen | ein Taxi.*
Getur þú hringt | á lækni | á sjúkrabíl | á leigubíl?
gjätürðü hriŋt | au lai^{h}kni | sju:kra·bi:l | läiɣü·bi:l

▸*Ich bin (schwer) gestürzt und habe mich verletzt.*
Ég datt (illa) og slasaði mig.
jäɣ da^{h}tt (idla) o slasaði miɣ

▸*Ich habe hier Schmerzen.*
Ég finn til hérna.
jäɣ finn til chjärdna

▸*Ich habe starke Schmerzen.*
Ég er með mikla verki.
jäɣ är mä mi^{h}kla wärki

▸*Ich habe Schmerzen im | in der | in den ...*
Mér er illt í ...
mjär är idlt i: ...

Die folgenden Wörter stehen bereits in der richtigen Form.

Arm	handleggnum	hand·läggnüm
Auge, Augen	auganu, augunum	öiɣanü, öiɣonüm
Bauch	maganum	maɣanüm
Bein	fótleggnum	fout·läggnüm
Brust	brjóstinu	brjoustinü
Ellenbogen	olnboganum	oln·boɣanüm
Finger	fingrinum	fiŋgrinüm
Fuß	fætinum	faitinüm
Hals	hálsinum	haulsinüm

Hand	hendinni	händinni
Handgelenk	úlnliðnum	u:ln·liðnüm
Knie	hnénu	hnä:nü
Kopf	höfðinu	höwðinü
Nacken	hnakkanum	hna^{h}kkanüm
Niere	nýranu	ni:ranü
Oberschenkel	lærinu	lairinü
Ohr, Ohren	eyranu, eyrunum	äiranü, äironüm
Rücken	bakinu	bakinü
Schultern	öxlunum	ökslünüm
Stirn	enninu	änninü
Unterschenkel	fótleggnum	fout·läggnüm
Wade	kálfanum	kaulwanüm

Der isländische Rettungsdienst ICE-SAR (Icelandic Search And Rescue Association, icesar.com) operiert an Land, auf dem Wasser und aus der Luft; hier: Flugbjörgunarsveit í Reykjavík (fbsr.is)

Denken Sie bei Fahrten durchs Land daran, dass der ehrenamtlich arbeitende Such- und Rettungsdienst Islands wirklich nur im Notfall gerufen werden sollte!

▸*Ich habe (eine/n) ...*	Ég er með ...	jäɣ är mä ...

Die folgenden Wörter stehen bereits in der richtigen Form.

Aids	eyðni; alnæmi	äiðni; al·naimi
Allergie (gegen)	ofnæmi (fyrir)	ow·naimi (firir)
Asthma	astma	astma
Ausschlag	útbrot	u:t·brot
Diabetes	sykursýki	sikür·si:ki
Durchfall	niðurgang	niðür·gauŋg
Erkältung	kvef	kwäf
Fieber	hita	hita
Grippe	flensu	flänsü
Halsentzündung	hálsbólgu	hauls·boulgü
Husten	hósta	housta
Kopfschmerzen	höfuðverk	höwüð·wärk
Magenschmerzen	magaverk	maɣa·wärk
Migräne	mígreni	mi:gräni
Muskelverspannung	vöðvaspennu	wöðwa·spännü
Nasenbluten	blóðnasir	blouð·nasir
Nierenschmerzen	nýraverk	ni:ra·wärk
Ohrenschmerzen	eyrnaverk	äirdna·wärk
Regelschmerzen	tíðaverk	ti:ða·wärk
Schnupfen	nefkvef	näw·kwäf
Schwindelgefühle	svima	swima
Übelkeit	flökurleika	flökür·läika
Verstopfung	hægðatregðu	haiða·träɣðü

▸*Nehmen Sie Medikamente ein? Welche Medikamente?*
Tekur þú inn einhver lyf? Hvaða lyf?
täkürðü inn äin·kwär lif. kwaða lif

▸*Ich nehme regelmäßig diese Medikamente.*
Ég tek þessi lyf reglulega.
jäɣ täk þässi liw räglü·läɣa

▸*Ich habe einen Herzschrittmacher.*
Ég er með hjartagangráð.
jäɣ är mä chjarta·gauŋg·rauð

▸*Ich bin schwanger.*
Ég er ófrísk | ólétt.
jäɣ är ou·frisk | ou·ljä^{h}tt

▸*Im wievielten Monat sind Sie schwanger?*
Hvað ert þú komin langt á leið?
kwað ärtü komin lauŋt au läið

▸*Im zweiten | dritten | vierten | fünften Monat.*
Tvo | þrjá | fjóra | fimm mánuði.
two | þrjau | fjoura | fimm maunüði

▸*Sind Sie geimpft gegen Tetanus?*
Ert þú bólusett|ur (*f/m*) gegn stífkrampa?
ärtü boulü·sä^{h}tt|ür gäg sti:f·krampa

▸*Sie haben (eine/n) …*	Þú ert með …	þu: ärt mä …
hohen Blutdruck	háan blóðþrýsting	hauan blouð·þristiŋg
niedrigen Blutdruck	lágan blóðþrýsting	lauɣan blouð·þristiŋg
Blutvergiftung	blóðeitrun	blouð·äitrün
Gehirnerschütterung	heilahristing	häila·hristiŋg
Gürtelrose	ristil	ristil
Herzinfarkt	hjartaáfall	chjarta·aufadl
Hirnhautentzündung	heilahimnubólgu	häila·himnü·boulgü
Keuchhusten	kíghósta	ki:·hósta
Masern	mislinga	missliŋga

Mumps	hettusótt	hä^{h}ttü·sou^{h}tt
Röteln	rauða hunda	röiða hünda
Scharlach	skarlatssótt	skarlat·sou^{h}tt
Schlaganfall	heilablóðfall	häila·blouð·fadl
Tollwut	hundaæði	hünda·aiði
Tuberkulose	berklaveiki	bärchla·wäiki
Windpocken	hlaupabólu	hlöipa·boulu

▸*Nehmen Sie das hier ein, einmal (zwei-, dreimal) am Tag.*
Taktu inn þetta, einu sinni (tvisvar, þrisvar sinnum) á dag.
tachtü inn þähtta, äinü sinni (twiswar, þriswar sinnüm) au daɣ

▸*Nehmen Sie das hier morgens | mittags | abends.*
Taktu inn þetta á morgnana | um hádegis | á kvöldin.
tachtü inn þä^{h}tta au mornana | üm hau·däijis | au kwöldin

▸*Nehmen Sie 20 Tropfen | 2 Tabletten | 1 Teelöffel.*
Taktu inn tuttugu dropa | tvær töflur | eina teskeið.
tachtü inn tü^{h}ttügü dropa | twair töblür | äina tä·skäið

▸*Ich gebe Ihnen eine Spritze | ein Antibiotikum.*
Ég gef þér sprautu | fúkkalyf.
jäɣ gjäf þjär spröitü | fu^{h}kka·liw

▸*Sie müssen zum Röntgen | zum Ultraschall.*
Þú átt að fara í myndatöku | í ómun.
þú au^{h}tt a fara i: minda·tökü | i: oumün

▸*Sie brauchen ein CT | MRT.*
Þú átt að fara í sneiðmynd | í segulómun.
þú au^{h}tt a fara i: snäið·mind | i: säɣül·oumün

▸*Können Sie mir ein Rezept über ... ausstellen?*
Getur þú skrifað upp á ... fyrir mig?
gjätürðü skriwað ü^{h}pp au ... firir miɣ

▸*Hier ist ein Rezept für die Apotheke.*
Hér er lyfseðill fyrir apótek.
chjär är liw·säðidl firir apoutäk

▸*Muss ich noch einmal wiederkommen?*
Á ég að koma aftur?
au jäɣ a koma aftür

▸*Kommen Sie morgen nüchtern wieder.*
Komdu aftur á morgun á fastandi maga.
komdü aftür au morgün au fastandi maɣa

▸*Ich muss eine Blutprobe nehmen.*
Ég þarf að taka blóðprufu.
jäɣ þarw a taka blouð·prüwü

Beim Zahnarzt

Den zahnärztlichen Notdienst in Reykjavík finden Sie im Telefonbuch unter dem Stichwort *Tannlæknavaktin*. Er ist werktags von 8 bis 22 Uhr, am Wochenende von 10 bis 20 Uhr erreichbar. Unter **tannsi.is/tannlaeknar** findet man eine Auflistung der Zahnärzte nach Landesteilen, allerdings auf Isländisch. Wenn man nicht weiterkommt (weil z.B. im Sommer Zahnarztpraxen oft geschlossen sind), kann man sich im Notfall (!) unter der 112 nach der nächstgelegenen offenen Zahnarztpraxis erkundigen.

Wortliste Zahnarzt

Betäubung (örtliche)	(stað)deyfing *f*	(stað)·däiwiŋg
Brücke	brú *f*	bru:
Füllung	fylling f	fidliŋg
Gebiss	gervitennur *f/pl*	gärwi·tännür
Karies	tannskemmd *f*	tann·skämd
Kiefer	kjálki *m*	kjau^{h}lki
Krone	tannkróna *f*	tann·krouna
Nerv	taug *f*	töig
Provisorium	bráðabirgðalausn *f*	brauða·birða·löisdn

Wurzel	tannrót *f*	tann·rout
Wurzelentzündung	tannrótarbólga *f*	tann·routar·boulga
Wurzelfüllung	rótfylling *f*	rout·fidliŋg
Zahn; Zähne	tönn *f*; tennur *f/pl*	tönn; tännür
Backenzahn	jaxl *m*	jaksdl
Schneidezahn	framtönn *f*	fram·tönn
Weisheitszahn	endajaxl *m*	ända·jaksdl
Zahnfleisch	tannhold *n*	tann·hold
~entzündung	tannholdsbólga *f*	tann·hols·boulga
Zahnschmerzen	tannpínur *f/pl*	tann·pi:nür
Zahnspange	tannspöng *f*	tann·spöiŋg

▸*Ich habe hier Schmerzen.*
Ég finn til hérna.
jäɣ finn til chjärdna

▸*Ich habe starke Schmerzen. – Wo? – Hier.*
Ég er með mikla verki. – Hvar? – Hérna.
jäɣ är mä mi^{h}kla wärki – kwar – chjärdna

▸*Meine Zahnspange ist zerbrochen.*
Tannspöngin mín er sprungin.
tann·spöiŋgin mi:n är spruŋgin

▸*Bitte den Mund weit öffnen.*
Viltu opna munninn.
wiltü o^{h}pna münninn

▸*Sie haben eine Zahnfleischentzündung.*
Þú ert með tannholdsbólgu.
þu: ärt mä tann·hols·boulgü

▸*Ich gebe Ihnen ein Medikament | eine Salbe mit.*
Ég læt þig hafa lyf | smyrsl með þér.
jäɣ lait þiɣ hawa liw | smirsdl mä þjär

▸*Es ist ein verschreibungspflichtiges Medikament.*
Það er lyfseðilsskylt lyf.
það är lif·säðils·skilt liw

▸*Sie haben ein Loch im Zahn. Ich muss eine Füllung machen.*
Þú ert með holu í tönn. Ég verð að fylla hana.
þu: ärt mä holü i: tönn. jäɣ wärð a fidla hana

▸*Ich muss Ihnen den Zahn ziehen.*
Ég verð að draga tönnina úr þér.
jäɣ wärð a draɣa tönnina u:r þjär

▸*Ich möchte eine örtliche Betäubung.*
Ég ætla að fá staðdeyfingu.
jäɣ ai^{h}tla a fau stað·däiwiŋgü

▸*Ich gebe Ihnen eine Spritze.*
Ég gef þér sprautu.
jäɣ gjäf þjär spröitü

▸*Bitte spülen Sie den Mund aus.*
Skola þú munninn.
skolaðü münninn

▸*Bitte eine Stunde lang nichts essen und trinken.*
Þú mátt ekki að borða og drekka í einn tíma.
þu: mau^{h}tt ä^{h}kki a borða o drä^{h}kka i: äidn ti:ma

In der Apotheke

Unter **lyfja.is/um-lyfju/kort** finden Sie eine Karte, die sämtliche *Lyfja*-Apotheken auf Island anzeigt, Anfang 2017 rund 30; in Reykjavík gibt es fünf Filialen. Und **apotekarinn.is**, Teil von *Lyf og heilsa*, listet über ein Dutzend Filialen in der Hauptstadt.

▸*Wo finde ich hier eine Apotheke?*
Hvar finn ég hér apótek?
kwar finn jäɣ chjär apoutäk

▸*Ich brauche etwas gegen …*
Mig vantar eitthvað við …
miɣ wantar äi^{h}tt·kwað wið …

▸*Ich brauche dieses Medikament. Hier ist ein Rezept.*
Mig vantar þetta lyf. Hér er lyfseðill.
miɣ wantar þä^{h}tta liw. chjär är lif·säðidl

▸*Haben Sie eine größere | kleinere Packung | Flasche?*
Er til stærri | minni pakki | flaska?
är til stäiri | minni pa^{h}kki | flaska

▸*Wie teuer ist das? Haben Sie etwas Billigeres?*
Hvað kostar þetta? Er til eitthvað ódýrara?
kwað kostar þä^{h}tta? är til äi^{h}tt·kwað ou·di:rara

▸*Der Arzt hat mir dieses Medikament verschrieben.*
Læknirinn skrifaði upp á þetta lyf fyrir mig.
laihknirinn skriwaði ü^{h}pp au þähtta liw firir miɣ

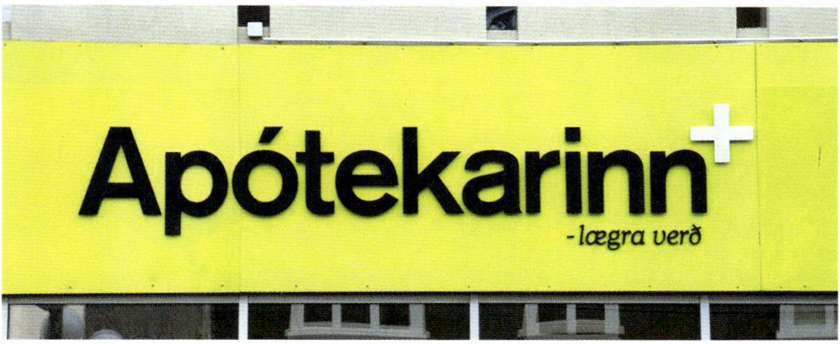

Apótekarinn betreibt rund ein Dutzend Filialen im Großraum Reykjavík – nach eigener Aussage mit 'günstigeren Preisen' (lægra verð)

▸*Wie muss ich die Tabletten | Tropfen einnehmen?*
Hvernig á ég að taka pillurnar | dropana?
kwärdni au jäɣ a taka pillüdnar | dropana

▸*morgens und abends*	kvölds og morgna	kwöls o mordna
▸*vor | nach dem Essen*	fyrir | eftir matinn	firir | äftir matinn
▸*nüchtern*	fastandi	fastandi

▸*Ich brauche ...*	Mig vantar ...	miɣ wantar ...

Auch die folgenden Wörter stehen bereits in der richtigen Form.

Abführmittel	hægðalyf	häiɣða·liw
Antibabypille	mínípillu	mi:ni·pillü
Augentropfen	augndropa	öig·dropa
Beruhigungsmittel	róandi lyf	rouandi liw
Halstabletten	hálstöflur	hauls·töblür
Hustensaft	hóstasaft	housta·saft
Kopfschmerztabletten	höfuðverkjatöflur	höwüð·wärkja·töblür
Magentropfen	magalyf	maɣa·liw
Nasentropfen	nefdropa	näf·dropa
Ohrentropfen	eyrnadropa	äirdna·dropa
Salbe gegen	áburð gegn	au·bürð gäg
Entzündung	bólgu	boulgu
Juckreiz	kláða	klauða
Mückenstiche	mýbiti	mi:·biti
Sonnenbrand	sólbrennu	soul·brännü
Schmerzmittel	verkjalyf	wärkja·liw
Verbandszeug	sárabindi	saura·bindi
Watte	bómull	boum·üdl
Zäpfchen	endaþarmsstíla	ända·þarms·sti:la

Studium & Arbeit

Studieren in Island 204

Arbeiten in Island 212

Studieren in Island

Nach den Jahrhunderten der Fremdherrschaft erwachte im 19. Jahrhundert in Island ein Nationalbewusstsein, das einherging mit dem Wunsch nach mehr Wissen und Bildung (siehe auch die "Einführung"). Zudem wollte man nun zu einem ordentlichen Studium nicht mehr notwendigerweise ins Ausland gehen müssen; als Teil Dänemarks war für Island zu jener Zeit vor allem die Universität in Kopenhagen zuständig.

Das Hauptgebäude von Háskóli Íslands

1874 gründete man zunächst ein Theologisches Seminar, doch arbeitete man zügig an weiteren Fakultäten, so dass am 17. Juni 1911 die heutige Universität in Reykjavík, **Háskóli Íslands**, eröffnet werden konnte. Seit 1940 befindet sich diese in der Suðurgata; vom Campus blickt man auf Teile des Stadtzentrums hinab. Die Zusammenlegung mit *Kennaraháskóli*, der Hochschule für Lehrerausbildung, bedingte eine Neugliederung der Fakultäten in fünf Bereiche: Geisteswissenschaften (*hugvísindasvið*), Kulturwissenschaften (*menntavísindasvið*), Sozialwissenschaften (*félagsvísindasvið*), Gesundheitswissenschaften (*heilbrigðisvísindasvið*) sowie Ingenieurwesen und Naturwissenschaften (*verkfræði- og náttúruvísindasvið*).

Die Universität bietet heute Bachelor-, Master- und Promotionsstudiengänge in folgenden Bereichen an: Geisteswissenschaften, Gesundheitswesen, Kommunikation/Information/Medien, Kunst/Design/Grafik/Musik, Naturwissenschaften, Recht/Verwaltung, Sozialwesen und -wissenschaften, Sport, Sprach- und Kulturwissenschaften, Technik/Informatik/Mathematik, Umwelt-/Wasser-/

Agrarwissenschaften sowie Wirtschaft/Handel/Management. Anfang 2017 stehen (starken Budgetkürzungen zum Trotz) insgesamt noch rund 400 Studienprogramme offen, u.a. ein drei- (90 ECTS) oder viersemestriger (120 ECTS) englischsprachiger Masterstudiengang zur mittelalterlichen Literatur, Sprache und Geschichte Islands (**english.hi.is/school_of_humanities/faculty_of_icelandic_and_comparative_cultural_studies/graduate_programmes**). Über einen Erasmus-Aufenthalt hinaus ist das Programm eines der momentan attraktivsten Programme für Kulturinteressierte (Foto); der 90 ECTS-Master wird allerdings nicht von allen Universitäten anerkannt!

Ausflug ins Mittelalter; hier: Snorralaug in Reykholt, dem einstigen Sitz von Snorri Sturluson

Nur Háskoli Íslands ist eine Volluniversität, mit derzeit rund 1500 Mitarbeitern und über 13000 eingeschriebenen Studierenden (davon knapp 10% aus dem Ausland, mit Deutschland, den USA und Polen auf den ersten Plätzen). Aber daneben gibt es mittlerweile weitere Hochschulen in Island; alle genannten Webseiten haben eine englischsprachige Version:

Háskóli Íslands (= HÍ), die Universität in Reykjavík **hi.is**

Háskólinn í Reykjavík **ru.is**

Listaháskóli Íslands, die Kunsthochschule in Reykjavík **lhi.is**

Háskólinn á Akureyri **unak.is**

Háskólinn á Hólum **holar.is**

Landbúnaðarháskóli Íslands, die Universität für Landwirtschaft in Hvanneyri **lbhi.is**

Háskólinn á Bifröst, die Wirtschaftsuniversität **bifrost.is**

Unter der Adresse **english.hi.is/files/bryndjo/baeklingar/hi_guide_for_international_students_2016-2017.pdf** kann man einen umfangreichen englischsprachigen Leitfaden der HÍ herunterladen, der auch eine Karte des Campus bietet.

Um sich an einer Hochschule in Island einzuschreiben, ist der direkte Kontakt mit der Hochschule am besten. Am einfachsten geht das im Rahmen eines internationalen Austauschprogramms, meist Erasmus, das viele deutsche Universitäten bieten; dazu erteilt die jeweilige deutsche Hochschule Auskünfte. Háskóli Íslands unterhält ein **International Office** (*Skrifstofa alþjóðasamskipta*), das für Auskünfte zur Verfügung steht (**english.hi.is/university/international_office**, **ask@hi.is**). Das International Office unterstützt Austauschstudierende auch bei der notwendigen Registrierung in Island (bei Aufenthalten von über einem Semester; siehe dazu: **english.hi.is/university/information_for_new_students**). Viele hilfreiche Informationen liefert auch das isländische **Studentenwerk** *Félagsstofnun stúdenta*, **fs.is/is/forsida**. Und schließlich gibt es in den sozialen Netzwerken zahlreiche Gruppen, in denen (ehemalige) Studierende und Dozenten um Rat gefragt werden können.

Ganz wichtig: Bereits in Deutschland den **Krankenversichertenstatus** in Island prüfen! Neben der Europäischen Krankenversichertenkarte (EHIC) sollten sich deutsche Studierende, die nach Island gehen, von ihrer Krankenkasse das Formular E-104 ausstellen lassen, um den isländischen Behörden den Versichertenstatus einwandfrei nachzuweisen (siehe **sjukra.is/english**). Lassen Sie sich bei längeren Aufenthalten beraten, inwieweit eine Auslandskrankenversicherung sinnvoll und möglich ist.

Zur Sprache: Natürlich sprechen die Angestellten im International Office ebenso wie die Koordinatoren von internationalen Programmen mehr oder weniger gut Englisch. Aber auch hier zeigt die Erfahrung, dass mancher 'Verwaltungsakt' ein bisschen schneller abgeschlossen ist, wenn man der Landessprache Respekt zollt.

▸*Ich denke daran, an dieser Universität zu studieren.*
Ég er að hugsa um að fara í nám hérna við háskólann.
jäɣ är a hüksa üm a fara i: naum chjärdna wi hau·skoulann

▸*Wie steht es mit einem Platz an einer isländischen Universität?*
Hvernig er hægt að fá pláss við íslenskan háskóla?
kwärdni är haicht a fau plass wi i:slänskan hau·skoula

▸*Gibt es die Möglichkeit für ein Studium an der Universität?*
Er möguleiki að fara í nám við Háskóla Íslands?
är möɣü·läiki a fara i: naum wi hau·skoula i:slans

▸*Welche Programme gibt es im Bachelor- | Masterstudium?*
Hvaða námsleiðir eru í boði í grunnnámi | framhaldsnámi?
kwaða naums·läiðir ärü i: boði i: grünn·naumi | fram·hals·naumi

▸*Ich habe großes Interesse an Literatur- und Sprachwissenschaft.*
Ég hef mikinn áhuga á bókmenntum og málvísindum.
jäɣ häw mikinn au·hüɣa au bouk·männtüm o maul·wi:sindüm

▸*Kann man hier Geographie und Geologie studieren?*
Er hægt að læra hér landafræði og jarðfræði?
är haicht a laira chjär landa·fraiði o jarð·fraiði

▸*Ich möchte Nordistik als Hauptfach | Nebenfach studieren.*
Ég ætla í norræn fræði sem aðalfag | aukafag.
jäɣ ai^{h}tla i: norrain fraiði säm aðal·faɣ | öika·faɣ

▸*Gibt es einen Studienabschluss für ausländische Studierende?*
Geta erlendir stúdentar fengið prófskírteini?
gjäta ärländir stu:däntar fäiŋgið prouf·ski:rtäini

▸*Kann man ein Jahresstipendium bekommen?*
Er hægt að fá námsstyrk til eins árs náms?
är haicht a fau naums·stirk til äins aurs naums

▸*Das Vollstudium in einem Unterrichtsjahr bringt hier 60 Punkte.*
Fullt nám í eitt kennsluár er metið til 60 eininga hérna.
Fudlt naum i: äi^{h}tt känslü·aur är mätið til säksti:ü äiniŋga chjärdna

▸*Die Punkte an Háskóli Íslands entsprechen den ECTS-Punkten.*
Einingar við Háskóla Íslands eru jafngildar ECTS-einingum.
äiniŋgar wi hau·skoula i:slans äru jabn·gildar ECTS-äiniŋgüm

Wortliste Studium

Bachelorstudium	grunnnám *n*	grünn·naum
Dozent	háskólakennari *m*	hau·skoula·kjännari
Exmatrikulation	brautskráning *f*; útskrift *f*	bröit·skrauniŋg; u:t·skrift
sich exmatrikulieren	útskrifast	u:t·skriwast
Fachrichtung	grein *f*	gräin
Immatrikulation	innritun *f*	inn·ritün
sich immatrikulieren	láta innrita sig	lauta inn·rita siɣ
interdisziplinär	þverfræðilegur	þwär·fraiði·läɣür
Masterstudium	framhaldsnám *n*	fram·hals·naum
den Master machen	taka meistaragráðu	taka mäistara·grauðü
Prüfung	próf *n*	prouw
Semester	misseri *n*	misseri
Sommersemester	vormisseri *n*	wor·misseri
Wintersemester	haustmisseri *n*	höist·misseri
Seminar (Kurs)	námskeið *f*	nám·skäið
Seminararbeit	ritgerð *f*	rit·gärð
Stipendium	námsstyrkur *m*	naums·stirkür
um ein ~ bewerben	sækja um styrk	saikja üm stirk
Student	námsmaður *m*; nemandi *m*	naums·maður; nämandi
Austauschstudent	skiptinemi *m*	skifti·nämi
Studienabschluss	námsgráða *f*	naums·grauða
Studiendarlehen	námslán *n*	naums·laun
Studienplatz	námspláss *m*	naums·plauss
Studienprogramme	námsleiðir *f/pl*	naums·läiðir
Studium abschließen	ljúka námi	lju:ka naumi
Unterricht	kennsla *f*	kännsdla
Zeugnis	prófskírteini *n*	prouf·ski:rtäini

Wortliste Fachbereiche (eine Auswahl ...)

Anatomie	líffærafræði *f*	li:f·faira·fraiði
Archäologie	fornleifafræði *f*	fordn·läiwa·fraiði
Biologie	líffræði *f*	li:f·fraiði
Chemie	efnafræði *f*	äbna·fraiði
Ernährungswissenschaft	næringarfræði *f*	nairiŋgar·fraiði
Geographie	landafræði *f*	landa·fraiði
Geologie	jarðfræði *f*	jarð·fraiði
Geschichte	sagnfræði *f*	sag·fraiði
Informatik	tölvunarfræði *f*	tölwünar·fraiði
Jura	lögfræði *f*	löɣ·fraiði
Kunstgeschichte	listfræði *f*	list·fraiði
Literaturwissenschaft	bókmenntafræði *f*	bouk·männta·fraiði
Mathematik	stærðfræði *f*	stairð·fraiði
Medizin	læknisfræði *f*	$lai^{h}knis$·fraiði
Meereskunde	haffræði *f*	haw·fraiði
Meteorologie	veðurfræði *f*	wäður·fraiði
Ökonomie	hagfræði *f*	haɣ·fraiði
Pädagogik	uppeldisfræði *f*	$ü^{h}pp$·äldis·fraiði
Philosophie	heimspeki *f*	häim·späki
Physik	eðlisfræði *f*	äðlis·fraiði
Psychologie	sálfræði *f*	saul·fraiði
Soziologie	félagsfræði *f*	fjälaks·fraiði
Sprachwissenschaft	málvísindi *n/pl*	maul·wi:sindi
Technologie	verkfræði *f*	wärk·fraiði
Theaterwissenschaft	leikhúsfræði *f*	läik·hu:s·fraiði
Theologie	guðfræði *f*	gwüð·fraiði
Tiermedizin	dýralækningar *f/pl*	di:ra·$lai^{h}kni\eta gar$
Volkskunde	þjóðfræði *f*	þjouð·fraiði
Zahnmedizin	tannlækningar *f/pl*	tann·$lai^{h}kni\eta gar$

Finanzielle Förderung durch Háskóli Íslands gibt es für internationale Studierende in der Regel nicht. Wer nach Island kommt, muss eine Förderung der Heimatuniversität oder entsprechendes Eigenkapital mitbringen. 2017 liegen die jährlichen Studiengebühren bei 75.000 ISK (wovon allerdings nur rund 25% an die Uni selbst gehen), nach Wechselkurs März 2017 also rund 625 Euro. Die minimalen **Lebenshaltungskosten** sind für das Studienjahr 2016/17 auf rund 160.000 ISK pro Monat berechnet, das entspricht im März 2017 rund 1.400 Euro.

Es ist andererseits recht leicht, in Reykjavík einen (nicht-akademischen) Studentenjob zu finden; siehe dazu unten "Arbeiten in Island". Man sollte daher auch als Austauschstudent/in ein isländisches **Bankkonto** einrichten (jeder isländische Arbeitgeber verlangt dies), für das man wiederum eine Personenkennzahl (**kennitala**) benötigt. Bei der Kennitala hilft u.a. das International Office (trotzdem ist hier Geduld gefragt!), das weitere Prozedere kann man dann über die Bank abwickeln. Für die ersten Wochen in Island sollte man Zugriff auf ein ausländisches Konto sicherstellen, um an Geldautomaten Bargeld abheben zu können.

Auf dem Campus von Háskóli Íslands sind in den letzten Jahren neue Studentenwohnheime entstanden, die teilweise auch für Paare und kleine Familien eine attraktive Bleibe bieten

Auch bei der Vermittlung von **Wohngelegenheiten** gibt es nur wenig offizielle Hilfe. Mit etwas Glück und Geduld kann man als Austauschstudent/in an der Háskóli Íslands ein Zimmer auf dem Campus erhalten (**studentagardar.is**); das isländische Studentenwerk bietet Unterstützung an: **fs.is/en/student-housing**. Wir empfehlen aber auch die sozialen Netzwerke, oder schauen Sie z.B. auf **bland.is** (dort unter *Fasteignir, Til leigu*) nach Angeboten; Achtung: Hier tummeln sich allerlei Betrüger ... Island ist kein Land mit einer 'Mietkultur', das Angebot ist klein, die Preise hoch und steigend. Prüfen Sie private Angebote sehr sorgfältig und lassen Sie, wenn irgendmöglich, jemanden drüberschauen, der Erfahrung mit dem Land hat – oder stellen Sie auch diese Frage in Foren. Lange **Mietzeiten** sind übrigens ungewöhnlich, rechnen Sie damit, alle paar Monate umziehen zu müssen. Wenn Sie ein Angebot finden, wird die Lage der Wohnung oder des Zimmers meist mit der Postleitzahl des betreffenden Bezirks in Reykjavík angegeben. Einige Beispiele:

▸Íbúð í fjölbýlishúsi í 113 til leigu í 6 mánuði.
Wohnung in Mehrfamilienhaus im Postleitzahl-Bezirk 113 für 6 Monate zu vermieten.

▸22 fm [fermetrar] pláss til leigu, afh. [afhending] strax.
22 qm [Quadratmeter] Zimmer zu vermieten, Übergabe sofort.

▸Tveggja herbergja íbúð í einbýlishúsi til leigu, laus strax.
Zweizimmerwohnung in Einfamilienhaus zu vermieten, sofort frei.

▸Vantar lítið herbergi nálægt Háskólanum. Er með meðmæli.
Suche kleines Zimmer nahe der Uni. Referenzen vorhanden.

▸Óskum eftir íbúð til langtíma leigu. Vantar frá 1. apríl.
Suchen Wohnung zur Langzeitmiete. Ab 1. April.

▸Kvk [kvenkyns] leigjandi óskast.
Weibliche Mieter gewünscht.

▸Gæludýr leyfð. Engin dýr.
Haustiere erlaubt. Keine Tiere.

Arbeiten in Island

Als Auswanderer in Island eine Arbeit zu finden, lassen wir hier als Thema außen vor, denn dieser Schritt ist meist so weitreichend und erfahrungsgemäß mit so vielen Herausforderungen verbunden, dass einige Bemerkungen kaum ausreichen würden.

Arbeitsuchende aus den EU-Ländern können sich in Island bis zu sechs Monaten aufhalten (zur Wohnungssuche siehe oben); nach drei Monaten muss man sich registrieren lassen (**skra.is**; auch auf Englisch). Bei Beginn eines Arbeitsverhältnisses muss eine **Aufenthaltsgenehmigung** beantragt werden. Wer in Island eine Arbeit hat und Steuern zahlt, ist automatisch krankenversichert. Auch Ausländer sind ab Arbeitsaufnahme krankenversichert, allerdings nur, wenn sie dies vorher auch im Heimatland waren (Nachweis für Deutsche über Formular E-104); wenn nicht, müssen sie sich die ersten sechs Monate anderweitig krankenversichern (siehe: **tr.is/tungumal/enska**, sowie unsere Hinweise oben). Wie bereits gesagt, ist für die Aufnahme einer regulären Arbeit ein isländisches Bankkonto erforderlich. Lassen Sie am besten jemanden mit Erfahrung über isländische Arbeitsverträge lesen, um sicherzustellen, dass die Konditionen passen!

Island ist ein beliebtes Ziel für einen **Studenten- oder Sommerjob**, etwa im Gastronomiegewerbe oder auf Reiterhöfen. Die Deutsche Botschaft in Island nennt auch gute Beschäftigungsperspektiven auf dem sozialen Sektor, also z.B. in Krankenhäusern, in Altersheimen und Kindergärten, sowie in der Landwirtschaft und dann natürlich in der Tourismusbranche.

Mit Deutsch als Muttersprache und ein wenig Kommunikationstalent kann man derzeit gut im Tourismusbereich jobben

Studentenjobs, z.B. in Bars, Supermärkten oder Kindergärten, aber auch in Einrichtungen der Universität, ermittelt man am besten direkt vor Ort, entweder indem man an der betreffenden Stelle nachfragt oder auf Aushänge achtet, z.B. in Schaufenstern oder am schwarzen Brett im Untergeschoss von *Gimli*, wo Studierende aller Niveaus sitzen (**hi.is/gimli**). Das isländische Studentenwerk listet übrigens immer ein paar freie Jobs für Studierende (**fs.is/is/studentamidlun/storf-i-bodi**). Oft handelt es sich um Aushilfstätigkeiten, es sei denn, Sie haben entsprechende (auch sprachliche) Vorkenntnisse.

Gimli: Viele Meter Angebote und Gesuche ...

Die Seite **farmarbeit.de** vermittelt Ihnen nach Eingabe des gewünschten Landes zu Island solide Infos mit Schwerpunkt Farmarbeit sowie zu allen anfallenden Arbeiten auf Reiterhöfen. Die Seite **ninukot.is** ist spezialisiert auf die Arbeit als Au pair sowie auf Bauernhöfen und in Gästehäusern.

Daneben gibt es in Island eine Reihe privater Arbeitsvermittlungen und Angebote; wir empfehlen auch hier, Kontakt zu etablierten Foren aufzunehmen, z.B. das **Deutsch-Isländische Netzwerk** (**netzwerk.weebly.com**). Hier gibt es Insidertipps, und manche Arbeit wird hier sozusagen exklusiv im Freundes- und Bekanntenkreis angeboten.

▸ *Was machen Sie hier?*
Hvað ert þú að gera hér?
kwað ärtü a gjära chjär

▸ *Sind Sie im Urlaub hier?*
Ert þú í fríi?
ärtü i: fri:i

▸*Ich bin geschäftlich hier.*
Ég er í viðskiptaferð.
jäɣ är i: wi·skifta·färð

▸*Ich bin arbeitslos. Ich versuche hier eine Arbeit zu finden.*
Ég er atvinnulaus. Ég er að leita mér að vinnu.
jäɣ är at·winnü·löis. jäɣ är a läita mjär a winnü

▸*Ich möchte in einem Sommerjob etwas Geld verdienen.*
Ég ætla að græða peninga í sumarvinnu.
jäɣ ai^{h}tla a gräiða pä:niŋga i: sümar·winnü

▸*Ich möchte in der Landwirtschaft arbeiten.*
Mig langar til að vinna í landbúnaði.
miɣ lauŋgar til a winna i: land·bu:naði

▸*Ich möchte mit Pferden auf einem Reiterhof arbeiten.*
Mig langar til að vinna með hesta í hestaleigu.
miɣ lauŋgar til a winna mä hästa i: hästa:läiɣü

▸*Ich möchte in einem Hotel | Gästehaus | Restaurant arbeiten.*
mig langar til að vinna á hóteli | gistiheimili | veitingahúsi.
miɣ lauŋgar til a winna au houtäli | gisti·häimili | väitiŋga·hu:si

▸*Ich suche Arbeit im Hotel oder als Bedienung.*
Ég óska eftir starf í hótelum eða afgreiðslu.
jäɣ ouska äftir starw i: houtelüm äða aw·gräisdlü

▸*Ich möchte als Au pair in einer Familie arbeiten.*
Ég ætla að vera au pair í fjölskyldu.
jäɣ ai^{h}tla a wära o pär i: fjöl·skildü

▸*Wie viel verdiene ich in diesem Job?*
Hvað græði ég mikið í þessari sumarvinnu?
kwað graiði jäɣ mikið i: þässari sümar·vinnü

▸*Muss ich ein Konto einrichten?*
Á ég að opna bankareikning fyrir mig?
au jäɣ a o^{h}pna bauŋka·räi^{h}kniŋg firir miɣ

▸*Ich habe kein Konto.*
Ég á engan bankareikning.
jäɣ au äiŋgan bauŋka·räi^{h}kniŋg

▸*Sie brauchen eine Personenkennzahl | Steuerkarte.*
Þú þarft kennitölu (*f*) | skattkort (*n*).
þu: þart kjänni·tölu | ska^{h}tt·kort

▸*Wo beantrage ich sie?*
Hvar á ég að sækja um hana (*f*) | um það (*n*)?
kwar au jäɣ a saikja üm hana | um það

▸*Wie viele Stunden im Monat beträgt die volle Arbeitszeit?*
Hvað er fullt starf margir klukkutímar á mánuði?
kwað är füdlt starf margir klü^{h}kkü·ti:mar au maunüði

▸*Sie erhalten Verpflegung und ein Einzelzimmer als Teil des Lohns.*
Þú færð fæði og sérherbergi sem hluta af launum þínum.
þu: fairð faiði o sjär·härbärgi säm chlüta aw löinüm þi:nüm

▸*Sie haben 2 freie Tage pro Woche, werktags | am Wochenende.*
Þú færð frí tvo daga í viku, á virkum dögum | um helgar.
þu: fairð fri: two daɣa i: wikü, au wirküm döɣüm | üm hälgar

Die männlichen Wortformen gelten meist auch für die weiblichen (Sexusneutralisierung). Dies führt bisweilen zu skurrilen Zeitungsmeldungen wie: *Flugmaður* (m), *sem var kona, var óléttur* (m) – der Pilot, der eine Frau war, war schwanger.

▸*Was machen Sie beruflich? Ich bin ...*
Hvað gerir þú? Ég er ...
kwað gjärir þu:. jäɣ är ...

Wortliste Berufe

Angestellter bei ...	starfsmaður hjá ...	starfs·maðür chjau
Apotheker	lyfjafræðingur	liwja·fraiðiŋgür
Archäologe	fornleifafræðingur	fordn·läiwa·fraiðiŋgür
Architekt	arkitekt	arkitächt
Arzt	læknir	lai^{h}knir
Automechaniker	bifvélavirki	bi·wjäla·wirki

Bäcker	bakari	bakari
Bibliothekar	bókasafnsvörður	bouka·sabs·wörðür
Bildhauer	myndhöggvari	mind·höggwari
Buchhändler	bóksali	bouk·sali
Dolmetscher	túlkur	tu:lkür
Elektriker	rafvirki	raw·wirki
Handwerker	iðnaðarmaður	iðnaðar·maðür
Historiker	sagnfræðingur	sag·fraiðiŋgür
Informatiker	tölvunarfræðingur	tölwünar·fraiðiŋgür
Ingenieur	verkfræðingur	wärk·fraiðiŋgür
Journalist	blaðamaður	blaða·maðür
Jurist	lögfræðingur	löɣ·fraiðiŋgür
Kellner	þjónn	þjoudn
Krankenpfleger	sjúkraliði	sju:kra·liði
Krankenschwester	hjúkrunarkona	hju:krünar·kona
Landwirt	búfræðingur	bu:·fraiðiŋgür
Lehrer	kennari	kjännari
Maler (Anstreicher)	(húsa)málari	(hu:sa)·maulari
Metzger	slátrari	slautrari
Musiker	tónlistarmaður	toun·listar·maðür
Polizist	lögreglumaður	löɣ·räglü·maðür
Rechtsanwalt	lögfræðingur	löɣ·fraiðiŋgür
Reiseleiter	leiðsögumaður	läið·söɣü·maðür
Rentner	eftirlaunamaður	äftir·löina·maðür
Schlosser	járnsmiður	jaurdn·smiðür
Schuster	skósmiður	skou·smiðür
Techniker	tæknimaður	tai^{h}kni·maðür
Tierarzt	dýralæknir	di:ra·lai^{h}knir
Zahnarzt	tannlæknir	tann·lai^{h}knir

Smalltalk

Begrüßung & Abschied 219

Näheres Kennenlernen 220

Verabredungen 222

Annäherungsversuche 224

Belästigung 225

Grundsätzlich: Wir haben Isländer jeden Alters meist als höflich und immer als hilfsbereit erlebt. Manchmal müssen sie anfangs eine gewisse **Zurückhaltung** überwinden, aber dann erweisen sie sich als aufgeschlossene und (an fast allem) interessierte Gesprächspartner. Oft erhalten Sie von ihnen auch gute Tipps für aktuelle Unternehmungen in der Stadt und auf dem Land, wie sie nicht im Reiseführer stehen. Besonders mit Jüngeren kommt man unkompliziert ins Gespräch, und bei Älteren wirkt es Wunder, wenn Sie ein paar Sätze Isländisch beherrschen.

Als **Schmelzpunkt internationaler Kulturen** kann Island, vor allem die Hauptstadt, anfangs laut und unruhig wirken. Und die Vielfalt der Sprachen und kulturellen Hintergründe kann auch schon mal zu Missverständnissen führen. Umso wichtiger ist es, den eigenen Aufenthalt auf Island entspannt anzugehen. Dieses Zusammentreffen einheimischer und fremder Kulturen kann dann unglaublich spannend sein!

Nicht jede Person, die sie in Island treffen werden, wird insofern Isländisch sprechen; dafür sind einfach zu viele andere Touristen und ausländische Arbeitnehmer im Land. Umso mehr bescheren kleine Sprachkenntnisse im Isländischen mal eine **Einladung** zum Bier oder sogar zum Essen bei einem neuen Bekannten! Seien Sie dann nicht deutsch überpünktlich, sondern kommen Sie lieber (zumindest) ein paar Minuten zu spät – und ziehen Sie beim Gastgeber zu Hause die Schuhe aus. Bei Treffen unter jüngeren Leuten bringt man alkoholische Getränke selbst mit. Seien Sie darauf gefasst, dass sich Gespräche vor allem um Sie selbst oder um Verwandte des Gesprächspartners drehen werden. Mag manche Frage auch sehr direkt wirken, steht dahinter doch meist echtes Interesse – seien Sie (sprachlich) gewappnet! Und auch Musik und Literatur sind natürlich beliebte Smalltalk-Themen.

Denken Sie, wie einleitend gesagt, vor allem daran, dass man sich in Island generell duzt und mit dem Vornamen anredet; im Folgenden benutzen wir daher auch im Deutschen die Du-Form. Kleine Überschneidungen mit unseren Bemerkungen in der Einleitung haben wir der Vollständigkeit halber in Kauf genommen.

Begrüßung & Abschied

▸*Guten Tag! Guten Abend! Gute Nacht!*
Góðan dag! Gott kvöld! Góða nótt!
gouðan daijin. go^{h}tt kwöld. gouða nou^{h}tt

Gute Bekannte begrüßt man mit *Hæ!* [ha:i]. Dies ist die einfachste Lösung. Es gibt viele Begrüßungs- und Abschiedsformeln, die sehr formenreich sind, je nachdem, ob man es mit einem Mann oder einer Frau, mit mehreren Männern oder mehreren Frauen oder mit einer gemischten Gruppe aus Mann und Frau oder Männern und Frauen zu tun hat (siehe auch das Kapitel "Einführung" ab S. 11.

▸*Schön, dich | euch zu sehen!*
Gaman að sjá þig | ykkur!
gaman a sjau þiɣ | i^{h}kkür

▸*Wie geht's? Danke, gut. So lala.*
Hvað segir þú? Allt gott, takk fyrir. Svona, svona.
kwað säijir þu:? allt go^{h}tt, ta^{h}kk firir. swona, swona

Auch der Abschied ist formenreich; hier raten wir zu dem verkürzten und unveränderbaren *bless!* [bläss], Tschüß! Als Antwort hört man dann oft *bless, bless!* Immer öfter verabschieden sich Isländer auch mit *bæ!* [ba:i].

▸*Ich muss | wir müssen jetzt leider gehen.*
Ég verð | við verðum að fara núna.
jäɣ wärð | wið wärðüm a fara nu:na

▸*Danke für die Einladung | den schönen Abend | das Essen!*
Takk fyrir boðið | kvöldið | matinn!
ta^{h}kk firir boðið | kwöldið | matinn

▸*Nichts zu danken. Danke gleichfalls!*
Ekkert að þakka. Takk sömuleiðis.
ä^{h}kkert a þa^{h}kka. ta^{h}kk sömü·läiðis

Hotspot für Smalltalk: die vielen Cafés in Reykjavík und Akureyri

▸*Sehen wir uns wieder? Ja.*
Sjáumst við aftur? Sjáumst.
sjaumst wið aftür. sjaumst

▸*Alles Gute!*
Gangi þér (*sg*) | ykkur (*pl*) vel!
gauŋgi þjär | i^hkkür väl

▸*Gute Reise!*
Góða ferð!
gouða färð

Sieht man sich am folgenden Tag oder auch einige Tage später wieder, bedankt man sich stets noch einmal:

▸*Danke für das letzte Beisammensein!*
Takk fyrir síðast!
ta^hkk firir si:ðast

Näheres Kennenlernen

▸*Haben wir uns nicht schon mal irgendwo gesehen?*
Höfum við ekki sést einhvers staður áður?
höwüm wið ä^hkki sjä:st äin·kwärs staðür auðür

▸*Wie heißt du? Ich heiße ... und du?*
Hvað heitir þú? Ég heiti ... en þú?
kwað häitir þu:. jäɣ häiti ... än þu:

▸*Wartest du auf jemanden?*
Ertu að bíða eftir einhverjum?
ärta bi:ða äftir äin·kwärjüm

▸*Woher kommst du?*
Hvaðan ert þú?
kwaðan ärtü

▸*Ich komme aus Deutschland | Österreich | der Schweiz.*
Ég er frá Þýskalandi | Austurríki | Sviss.
jäɣ är frau þi:ska·landi | öistür·ri:ki | swiss

▸*Bist du alleine hier?*
Ertu einn (*m*) | ein (*f*) á ferð?
ärtü äidn | äin au färð?

▸*Ich bin mit einer Freundin / einem Freund hier.*
Ég er hér með vinkonu minni | vini mínum.
jäɣ är chjär mä win·konü minni | wini mi:nüm

▸*Ich bin mit meiner Freundin / meinem Freund hier.* (Beziehung)
Ég er hér með kærustunni minni | kærastanum mínum.
jäɣ är chjär mä kairüstünni minni | kairastanüm mi:nüm

▸*Ich bin mit meiner Familie hier.*
Ég er hér með fjölskyldu minni.
jäɣ är chjär mä fjöl·skildü minni

▸*Das ist mein Mann / meine Frau / meine Tochter / mein Sohn.*
Þetta er maðurinn minn | konan mín | dóttir mín | sonur minn.
þä^{h}tta är maðürinn minn | konan mi:n | dou^{h}ttir mi:n | sonür minn

▸*Wie lange bist du schon hier?*
Hvað ertu búinn (*m*) | búin (*f*) að vera hér lengi?
kwað ärtü bu:inn a vära chjär läiŋgi

▸*Seit ein paar Tagen / seit einer Woche / seit zwei, drei Wochen.*
Í nokkra daga | í eina viku | í tvær, þrjár vikur.
i: no^{h}kkra daɣa | i: äina wikü | i: tvair, þrjaur wikür

▸*Wie lange bleibst du noch?*
Hvað ætlar þú að vera hér lengi?
kwað ai^{h}tlarðü a vära hjär läiŋgi

▸*Noch einige Tage / vier Wochen / einen Monat.*
Í nokkra daga | í fjórar vikur | í einn mánuð í viðbót.
i: no^{h}kkra daɣa | i: fjourar wikür | i: äidn maunüð i: wið·bout

▸*Ich reise morgen / diese Woche ab.*
Ég fer á morgun | í þessari viku.
jäɣ fär au morgün | i: þässari wikü

▸*Was machst du hier?*
Hvað ert þú að gera hér?
kwað ärtü a gjära chjär?

▸*Ich mache Ferien.*
Ég er í fríi.
jäɣ är i: fri:i

▸*Ich bin geschäftlich hier. Ich versuche Arbeit zu finden.*
Ég er í viðskiptaferð. Ég er að leita mér að vinnu.
jäɣ är i: wið·skifta·färð. jäɣ är a läita mjär a winnü

▸*Ich will durchs ganze Land fahren.*
Ég ætla að ferðast um allt landið.
jäɣ ai^htla a färðast üm allt landið

Verabredungen

▸*Was wollen wir machen heute | heute Abend | morgen?*
Hvað eigum við að gera í dag | í kvöld | á morgun?
Kwað äiɣüm wið a gjära i: daɣ | i: kwöld | au morgün

▸*Wollen wir ausgehen | essen gehen?*
Eigum við að fara út | að fara út að borða?
äiɣüm wið a fara u:t | a fara u:t a borða

▸*Wollen wir in eine Kneipe | eine Bar | eine Disko gehen?*
Eigum við að fara á krá | á bar | á djammið (oder: klúbb)?
äiɣüm wið a fara au krau | au bar | á djammið (klubb)

▸*Willst du mit mir ins Kino gehen?*
Viltu koma í bíó með mér?
wiltü koma i: bi:ou mä mjär

▸*Wollen wir ins Theater | in die Ausstellung | ins Museum gehen?*
Eigum við að fara í leikhúsið | á sýninguna | á safnið?
äiɣüm wið a fara i: läik·hu:sið | au si:niŋgüna | au sabnið

▸*Wollen wir mal etwas in der Gegend herumfahren?*
Eigum við að fara í bíltúr?
äiɣüm wið a fara í bi:l·tu:r

▸*Hast du morgen Zeit?*
Hefur þú tíma á morgun?
häwür þu: ti:ma au morgün

▸*Ja, ich würde mich freuen, danke!*
Já takk fyrir, það þætti mér gaman.
jau ta^{h}kk firir, það þai^{h}tti mjär gaman

▸*Nein, das geht leider nicht.*
Nei því miður, það er ekki hægt.
näi þwi: miðür, það är ä^{h}kki haicht

▸*Wollen wir uns irgendwo treffen?*
Eigum við að hittast einhvers staðar?
äiɣüm wið a hi^{h}ttast äin·kwärs staðar

▸*Ja gern, wann und wo?*
Já gjarnan, hvenær og hvar?
jau gjardnan, kwänair o kwar

Nicht nur 'Single Gloves' finden in Reykjavík Anschluss ...

▸*Soll ich dich abholen? Wo wohnst du?*
Á ég að ná í þig? Hvar býrð þú?
au jäɣ a nau i: þiɣ. kwar bi:rðü

▸*Nein, danke, ich komme hierher.*
Nei nei takk, ég kem hingað.
näi näi ta^{h}kk, jäɣ kjäm hiŋgað

▸*Ich warte auf dich vor dem Kino | dem Theater | dem Museum.*
Ég bíð eftir þér fyrir framan bíóið | leikhúsið | safnið.
jäɣ bi:ð äftir þjär firir framan bi:ou:ið | läik·hu:sið | sabnið

▸*Darf ich dich zu mir nach Hause einladen?*
Má ég bjóða þér heim?
mau jäɣ bjouða þjär häim

▸*Willst du | wollt ihr mich | uns an einem Abend besuchen?*
Viltu | viljið þið heimsækja mig | okkur eitthvert kvöld?
wiltü | wiljiði häim·saikja miɣ | o^{h}kkür äi^{h}tt·kwärt kwöld

▸*Komm herein! | Kommt herein! Setz dich! | Setzt euch!*
Komdu inn! | Komiðið inn! Fáðu þér sæti! | Fáið ykkur sæti!
komdinn | komiði inn! fauðü þjär saiti | fauið i^{h}kkür saiti

▸*Was willst du trinken? Bier, Wein, Cola oder Wasser?*
Hvað viltu fá að drekka? Bjór, vín, kók eða vatn?
kwað wiltü fau a drä^{h}kka. bjour, wi:n, kouk äða wa^{h}tn

Annäherungsversuche

►*Ich bin wahnsinnig gern mit dir zusammen.*
Það er rosalega gaman að vera með þér.
það är rosa·läɣa gaman a wära mä þjär.

►*Du bist sehr schön. Du hast schöne Augen.*
Þú ert mjög falleg(ur) (*f* (*m*)). Þú ert með falleg augu.
þu: ärt mjöɣ fadleɣ(ur). þu: ärt mä fadleɣ öiɣü

►*Ich mag dich.*
Mér líkar vel við þig.
mjär li:kar wäl wi þiɣ

►*Bist du in festen Händen?*
Ertu á föstu?
ärtü au föstü

►*Ich liebe dich.*
Ég elska þig.
jäɣ älska þiɣ

►*Kommst du mit zu mir?*
Kemur þú með til mín?
kjämürðü mä til mi:n

►*Ich würde dich gerne küssen.*
Mig langar til að kyssa þig.
miɣ lauŋgar til a kissa þiɣ

►*Entschuldige, ich wollte dich nicht kränken.*
Fyrirgefðu, ég ætlaði ekki að særa þig.
firir·gjäwðü, jäɣ ai^{h}tlaði ä^{h}kki a saira þiɣ

►*Ich wollte dich nicht beleidigen.*
Ég ætlaði ekki að móðga þig.
jäɣ ai^{h}tlaði ä^{h}kki a mouðga þiɣ

Belästigung

Natürlich ist auch Island kein Paradies; vor allem Reykjavík als Treff- und Schmelzpunkt zahlreicher Nationalitäten und Kulturen birgt – wie jede Großstadt – die Gefahr, belästigt zu werden. Das gilt für Frauen und für Männer. Wer am Freitag- oder Samstagabend spät unterwegs ist, der muss damit rechnen, in fast jeder Bar auf Angetrunkene zu treffen, Einheimische und Touristen; das gilt natürlich auch für Privatfeiern. Die meisten Gaststätten und Bars in der Hauptstadt beschäftigen mehrere Türsteher (*dyravörður*), an die man sich im Bedarfsfall wenden kann. Fast alle öffentlichen Plätze und Betriebe in der Innenstadt sind kameraüberwacht, oft aber wird nur aufgezeichnet; im Januar 2017 wurde eine größere Geldsumme in den Ausbau der Überwachung investiert. Es empfiehlt sich aber, nachts nicht alleine unterwegs zu sein, auch nicht in der Innenstadt – besser ein Taxi nehmen; auch Nachtbusse sind seit Anfang 2017 in Planung.

Auch bei Open Air-Veranstaltungen werden die kleinen Plätze in Reykjavík schnell voll ...

▸*Ich möchte meine Ruhe haben!*
Ég vil fá að vera í friði!
jäɣ wil fau a wära i: friði!

▸*Lass mich einfach in Ruhe!*
Láttu mig bara í friði!
lau^{h}ttü miɣ bara i: friði

▸*Hau ab! Verschwinde!*
Komdu þér í burtu! Hypjaðu þig!
komdü þjär i: bürtü. hipjaðü þiɣ

▸*Verpiss dich!*
Drullaðu þér í burtu!
drüdlaðü þjär i: bürtü

▸*Kannst du mir helfen?*
Geturðu hjálpað mér?
gjätürðü hjaulpað mjär?

▸*Der Typ da belästigt mich.*
Gaurinn þarna áreitir mig.
göirinn þadna au·räitir miɣ

Dennoch: Reykjavík ist eine vergleichsweise sichere und sehr aufgeschlossene Großstadt, in der man sich unbesorgt aufhalten und vergnügen kann und soll!

Wer sich einige Tage im bunten Reykjavík aufhält, kann gar nicht anders, als interessante Leute aus aller Welt kennenzulernen

Lesetipps

Wörterbücher & Lehrbücher 228

Literatur- & Sprachgeschichte 230

Reiseführer & mehr 232

Wörterbücher & Lehrbücher

Die isländische Sprache, Kultur und Literatur vom frühen Mittelalter bis ins 21. Jahrhundert hat Generationen von Gelehrten, Literaten und Reisenden begeistert und beschäftigt. Die weiterhin wachsende Zahl an Fachbüchern, Lehrbüchern, Einführungen und Erzählungen zu diesem weitläufigen Themenkomplex, zumal in verschiedenen Sprachen, ist selbst für Experten kaum zu überschauen. Im Folgenden wollen wir daher nur wenige Bücher nennen, die dem interessierten Neuling einen ersten Überblick und erste Hilfestellung bei der Recherche weiterführender Literatur bieten.

Gute Wörterbücher Isländisch/Deutsch & Deutsch/Isländisch für den Gebrauch unterwegs sind weiterhin schwer zu finden. Entweder sind sie schlicht zu umfangreich und damit unhandlich oder sie sind zwar handlich, weisen aber große Lücken im Wortschatz auf. In den letzten Jahren hat die isländische Sprache nicht nur zahlreiche Wörter gerade aus dem englischen Sprachraum entlehnt, sondern auch medientechnische Entwicklungen haben einen ganz neuen Wortschatz hervorgebracht – ein Umstand, dem auch in Neuauflagen gedruckter Wörterbücher kaum Rechnung getragen wird. Die Seite **deis.dict.cc**, als bekanntes Beispiel eines digitalen Wörterbuchs, ist unterwegs auch auf dem Smartphone abrufbar; der verzeichnete Wortschatz ist zwar derzeit begrenzt und teils auch fehlerhaft, aber er ist recht aktuell und man kommt damit durch den Alltag. *ISLEX orðabókin* ist ein u.a. vom isländischen Handschrifteninstitut *Stofnun Árna Magnússonar í íslenskum fræðum* verwaltetes Wörterbuch, das rund 50.000 Stichwörter listet, allerdings nur mit Übersetzung in die anderen nordischen Sprachen (**islex.hi.is**).

Erschwerend hinzu kommt stets, dass die flexionsreiche isländische Sprache über die Angabe von Wörtern in ihrer Grundform ohnehin nur begrenzt erschlossen werden kann. Zumindest im ambitionierten Heimgebrauch, beim Studium an der Universität und im Berufsleben sowieso, bietet sich daher die Kombination zweier Wörterbücher, Isländisch/Deutsch und Deutsch/Isländisch, mit einem ausführlichen **Lehrbuch** zu Grammatik und Sprachgebrauch an. Die Wahl hängt im Einzelnen natürlich von persönlichen Lernvorlieben und Vorkenntnissen ab; einen näheren Blick wert sind u.a. folgende Bücher:

▸Stefan Drabek: Isländische Grammatik Schritt für Schritt. Bd. 1, 2. Auflage. Verlag IsländischLernen 2016. 140 Seiten – 10 Kapitel zur Alltagssprache; gut für das Selbststudium geeignet; Bd. 2, Verlag IsländischLernen 2017; Bd. 3 in Planung; Übungsbücher als Begleitbände zu Bd. 1 und 2 erhältlich.

▸Ríta Duppler & Astrid van Nahl: Isländisch. Ein Lehrbuch für Anfänger und Fortgeschrittene. 2., überarbeitete Auflage. Helmut Buske Verlag 2015. 264 Seiten – 18 Lektionen mit alltagsnahen Lesetexten und Dialogen sowie jeweils einem Abschnitt für Touristen; ausführliche Grammatikerklärungen und viele Übungen; Wörterliste mit rund 2.000 Stichwörtern und vielen Fügungen und Redewendungen; CD mit professionell eingelesenen Texten.

▸Björn Ellertsson: Íslensk-þýsk orðabók, Isländisch-deutsches Wörterbuch. Iðunn-Verlag 1993. 539 Seiten – rund 30.000 Stichwörter und Wendungen; teils veralteter oder fehlender Wortschatz, aber weiterhin ein Standardwerk für Übersetzungen aus dem Isländischen; nur antiquarisch erhältlich.

▸Hans Ulrich Schmid: Wörterbuch Isländisch – Deutsch. 2., überarbeitete Auflage. Helmut Buske Verlag 2010. 376 Seiten – rund 18.000 Stichwörter; einige Anwendungsbeispiele und Redewendungen; kurze Formenlehre.

▸Heimir Steinarsson (Hg.): Kompaktwörterbuch Deutsch – Isländisch. 2. Auflage. PONS Gmbh 2010. 966 Seiten – rund 65.000 Stichwörter und Wendungen; Kurzgrammatik und nützliche Hinweise zu u.a. Maß- und Gewichtseinheiten.

Literatur- & Sprachgeschichte

Aktuelle **deutschsprachige Einführungen** in die jahrhundertelange Geschichte der isländischen Sprache und Literatur gibt es wenige. Die meisten Überblickswerke der letzten Jahre sind in englischer Sprache erschienen und setzen folglich gute Kenntnisse im Englischen voraus; sie neigen zudem dazu, deutsche Forschungsansichten zu unterdrücken.

▸Jürg Glauser: Island. Eine Literaturgeschichte. J.B. Metzler 2011. 245 Seiten – 4 umfangreiche Kapitel zur isländischen Literaturgeschichte vom Mittelalter bis ins 21. Jahrhundert; zahlreiche rezeptions- und forschungsgeschichtliche Verweise.

▸Odd Einar Haugen (Hg.) & Astrid van Nahl (Übers.): Altnordische Philologie. Norwegen und Island. Verlag de Gruyter 2007. 653 Seiten – 10 umfangreiche Kapitel zu diversen Forschungsaspekten der altwestnordischen Sprache und Literatur; zahlreiche Illustrationen und weiterführende Literaturhinweise; teures Standardwerk für Studierende.

▸Odd Einar Haugen & Astrid van Nahl (Übers.): Norröne Grammatik im Überblick. Altisländisch und Altnorwegisch. Helmut Buske Verlag 2015. 208 Seiten – 12 übersichtliche Kapitel zur Sprache in Island und Norwegen im Hochmittelalter; Grammatikglossar und Wortregister erleichtern den Zugang.

▸Hermann Pálsson & Rudolf Simek: Lexikon der altnordischen Literatur. 2., überarbeitete Auflage. Krönerverlag 2007. 434 Seiten – rund 2.000 knappe Artikel zur Literatur des mittelalterlichen Skandinaviens; viele Verweise auf (ältere) Forschungsliteratur.

▸Jónas Kristjánsson, Magnús Pétursson (Übers.) & Astrid van Nahl (Übers.): Eddas und Sagas: Die mittelalterliche Literatur Islands. Helmut Buske Verlag 1994. 464 Seiten – klassische Einführung; stellenweise überholt, aber ansprechend geschrieben und weiterhin ein guter Einstieg; seit 2016 als Book on Demand erhältlich.

▸Astrid van Nahl: Einführung in das Altisländische. Ein Lehr- und Lesebuch. 2., überarbeitete Auflage. Helmut Buske Verlag 2014. 252 Seiten – 17 Kapitel zu zentralen Themenkomplexen der Altskandinavistik, Schwerpunkt auf Sprache und mittelalterlicher Literatur; zahlreiche altisländische Textbeispiele; Glossar zu Fachbegriffen; Verweise auf jüngste Forschungsliteratur.

▸Heiko Uecker: Geschichte der altnordischen Literatur. Reclam 2004. 309 Seiten – unterhaltsam-lehrreiches Standardwerk für Neulinge und Studierende; passt in die Hosentasche und lädt zum Stöbern ein.

Die großen literarischen Werke des mittelalterlichen Islands liegen mittlerweile fast alle in deutscher Übersetzung vor; immer noch ein Lesevergnügen und Grundlage für gelehrte Spekulation.

▸Klaus Böldl, Andreas Vollmer & Julia Zernack (Hg.): Die Isländersagas. 4 Bänden plus Begleitband. Fischer Verlag 2011 – Neuübersetzung anlässlich der Frankfurter Buchmesse 2011; schwankende Qualität der Übersetzungen, dennoch empfehlenswert; mittlerweile auch als günstiges E-Book erhältlich.

▸Arnulf Krause (Hg. & Übers.): Die Edda des Snorri Sturluson Reclam 1997 – textnahe, gut lesbare Übersetzung mit knappem Kommentar; Standardwerk für Studierende.

▸Arnulf Krause (Hg. & Übers.): Die Götterlieder der Älteren Edda. Reclam 2006, sowie Die Heldenlieder der Älteren Edda. Reclam 2001 – gelungene Übersetzung der eddischen Dichtung, mit Kommentar; Standardwerk für Studierende.

Und zum Einstieg in die **moderne Literatur**:

▸Soffía Auður Birgisdóttir, Gert Kreutzer & Halldór Guðmundsson (Hg.): Die schönsten Erzählungen Islands. Suhrkamp 2011 – bunte Zusammenstellung moderner isländischer Erzählungen.

Reiseführer & mehr

Klassische Reiseführer zu Island gibt es eine ganze Reihe, wobei sich in den letzten Jahren durch die stark wachsende Zahl an Touristen so viel im Land geändert hat, dass ältere Bücher nur noch bedingt verwendbar sind. Neben solchen Reiseführern finden sich aber auch einige richtig unterhaltsame Bücher, die sich teils auf bestimmte Themen spezialisiert haben oder persönliche Erfahrungen subjektiv aufbereiten. Da auch hier beim Leser Geschmack und jeweiliges Interesse entscheidend sind, empfehlen wir einen Besuch der nächsten Buchhandlung zum Stöbern. Interessant und/oder hilfreich zur Einführung fanden wir u.a.:

▸Alda Sigmundsdottir, Megan Herbert (Illust.), Sabine Burger & Alexander Schwarz (Übers.): Das kleine Buch über die Isländer. Verlag Vaka-Helgafell 2013. 172 Seiten – unterhaltsamer Einblick in die isländische Geschichte und Mentalität, mit vielen augenzwinkernden Anekdoten.

▸Sabine Barth: Island 151. Conbook Verlag 2016. 284 Seiten – 151 teils tiefgründige Momentaufnahmen zur isländischen Gesellschaft und Kultur.

▸Sabine Barth (Hg.): Reise nach Island. Kulturkompass fürs Handgepäck. Unionsverlag 2009. 223 Seiten – subjektive Begegnung mit Island, verbunden mit Reisereportagen; einige Originaltexte vom Mittelalter bis ins 19. Jahrhundert.

▸Tina Bauer: Ein Jahr in Island. 3. Auflage. Herder Verlag 2015. 190 Seiten – begeisterter Bericht einer einjährigen Islandreise; informativ, spannend, bunt.

▸Tina Bauer: Iceland. Lovely Home. Porträts deutscher Frauen in Island. Verlag tibauna 2013. 96 Seiten – Schnappschüsse von Frauen in Island in typischen Arbeits- oder Freizeitsituationen.

▸Matthias Egeler: Island. Ein mythologischer Führer. Books on Demand Norderstedt 2017. 332 Seiten – spannender Führer, der die mythologische Überlieferung Islands mit heutigen Orten und Plätzen verknüpft; zahlreiche unterhaltsame Anekdoten.

▸Hans Klüche & Christian Nowak: Baedeker Reiseführer Island. 8. Auflage. Baedeker 2017. 358 Seiten – klassischer Reiseführer, der diverse Informationen zu u.a. Sehenswürdigkeiten, Touren und Unterkünften zusammenträgt.

▸Kristof Magnusson: Gebrauchsanweisung für Island. Piper Verlag 2011. 208 Seiten – humorvolle Einsichten in die isländische Mentalität; gut zur Einstimmung oder Nachbereitung.

▸Caroline Kerstin Mende (Karólína): Leben im Maulwurfshügel. Isländische Wohnkultur bis 1960. Verlag Alpha Umi 2016. 67 Seiten – ansprechende Einführung in historischen und modernen Fotografien zu isländischem Lebens- und Wohnstil.

▸Sarah Moss & Nicole Seifert (Übers.): Sommerhelle Nächte. Unser Jahr in Island. mare Verlag 2014. 400 Seiten – romanhafte Gebrauchsanweisung für Island; freundliches und ziemlich stimmiges Bild der isländischen Mentalität.

▸Ida Pfeiffer: Nordlandfahrt. Eine Reise nach Skandinavien und Island im Jahre 1845. Antiquarisch oder kostenlos als E-Book – eindrucksvolles Reiseporträt aus dem 19. Jahrhundert; Klassiker.

▸Jens Willhardt & Christine Sadler: Island. 7. Auflage. Michael Müller Verlag 2015. 744 Seiten – bewährt und unerreicht umfangreich, mit regelmäßig aktualisierten Informationen zu diversen Themen; ansprechende Wandertouren.

Abbildungsnachweis

S. 11	Blick von Dyrhólaey, Südisland, ins Landesinnere © JvN
S. 12	Statue von Ingólfur Arnarson, Reykjavík © RvN
S. 13	oben: Þingvellir © JvN; unten: Gissur Þorvaldsson tötet Sturla Sighvatsson in der Schlacht von Örlygsstaðir © sagamuseum.is (mit freundlicher Genehmigung)
S. 14	Statue von Snorri Sturluson, Reykholt © JvN
S. 15	Wappen Islands, mit den vier Landvættir © gemeinfrei
S. 17	Eis auf Jökulsárlón, Südostisland © JvN
S. 18	oben: Dettifoss, Nordostisland © JvN; unten: Warnhinweis nahe von Bláa Lónið, Südwestisland © AP
S. 19	Das Hochtemperaturgebiet Hveraröndam Námafjall © JvN
S. 20	Bach am See Mývatn, Nordostisland © JvN
S. 22	Reykjavík vom Wasser aus; im Vordergrund Wohnblöcke, im Hintergrund Hallgrímskirkja © JvN
S. 23	Buntglasfenster in Akureyrarkirkja, Akureyri © AP
S. 24	Hallgrímskirkja, Reykjavík © AP
S. 25	Treppenaufgang und Gallerie in Harpa, Reykjavík © AP
S. 26	Das Hauptgebäude von Háskóli Íslands, Reykjavík © JvN
S. 31	Schnappschuss von Islandreisenden © RvN
S. 35	Der Torfhof Bustarfell, Nordostisland © JvN
S. 45	Segelschiff an der Nordküste Islands © AP
S. 47	Detaillierte Wetterprognose auf vedur.is © vedur.is
S. 50	Auf der Ringstraße nach Osten, Richtung Vatnajökull © JvN
S. 51	oben: Zeitungsmeldung © icelandmag.visir.is (mit freundlicher Genehmigung); unten: Zeitungsmeldung © icelandreview.com (mit freundlicher Genehmigung)
S. 52	oben: Warnhinweis am Geysir © JvN; unten: hoffnungsvoller Appell an Touristen, Hveraröndm Nordostisland © JvN
S. 53	Island aus der Luft © JvN
S. 54	Blick auf Island aus dem Flugzeug © JvN
S. 56	Blick auf die Ostfjorde, von Bord der Ocean Diamond aus © JvN
S. 57	Das Terminal von Air Iceland Connect, Reykjavík © JvN
S. 58	Hinweisschild am Flughafen Keflavík © RvN
S. 59	Hraðbanki, Geldautomat, hier von Íslandsbanki © AvN
S. 61	Reykjavík; Blick vom Turm der Hallgrímskirkja © AP
S. 63	Reykjavík; Blick vom Turm der Hallgrímskirkja © AP
S. 78	Briefkasten von Pósturinn, der isländischen Post © AvN

S. 80 Telefonzelle in Vopnafjörður, Nordostisland © JvN
S. 82 Lögreglan, Polizeipatrouille am Hafen in Húsavík © RvN
S. 84 Vínbúðin, Logo an einem Alkoholgeschäft © RvN
S. 88 Die beliebte Bäckerei Brauð in Reykjavík © AP
S. 90 Islandpullover © Strickstudio Christine Knoller (strickstudio-knoller.de, mit freundlicher Genehmigung)
S. 95 Lesebrillen beim Optiker, Reykjavík © AP
S. 97 oben: Die Buchhandlung Mál og Menning in Reykjavík © AvN; unten: Wegweiser zum Antiquariat Bókakjallarinn, Reykjavík © AP
S. 100 Die Einkaufsstraße Laugavegur, Reykjavík © AP
S. 101 Die Band Skálmöld (skalmold.is) bei Menningarnótt © JvN
S. 103 Hallgrímskirkja; davor die Statue von Leifur Eiríksson, Reykjavík © AP
S. 104 oben: Harpa vom alten Hafen aus, Reykjavík © JvN; unten: die Skulptur Sólfar beim Hafen, Reykjavík © AvN
S. 105 Walfangschiff im alten Hafen, Reykjavík © JvN
S. 106 Ráðhús, das Rathaus am Stadtweiher Tjörnin, Reykjavík © JvN
S. 108 Musikveranstaltung bei Menningarnótt, Reykjavík © JvN
S. 112 Wikinger im Sagamuseum, Reykjavík © sagamuseum.is (mit freundlicher Genehmigung)
S. 113 "Vernd", Schutz, im Park von Einar Jónsson, Reykjavík © AvN
S. 115 Fahrt durch Sprengisandur, Hochland © AP
S. 116 oben: Parkplatz an einem Hochtemperaturgebiet im Südwesten Islands © JvN; unten: Die Ringstraße Richtung Ostfjorde © JvN
S. 117 oben: Flussdurchquerung auf dem Weg zur Schlucht Eldgjá, Zentralisland © AP; unten: Verkehrsschild © gemeinfrei
S. 118 Isländische Verkehrsschilder © gemeinfrei
S. 119 Wegweiser zum Vulkan Askja, Hochland © AP
S. 121 Privatweg irgendwo im Nordosten Islands © AP
S. 123 oben: Verkehrsschild © gemeinfrei; Mitte: Parkschild im Lavageröll © RvN; unten: Parkschild in Reykjavík © RvN
S. 124 Auf der Hochlandstraße F26 © AP
S. 125 Panne im Hochland; im Hintergrund ein Fahrzeug des isländischen Rettungsdienstes © AP
S. 128 Auf dem Weg zum Gletscher Langjökull, Zentralisland © AvN
S. 130 Dýrhólaey, Südisland © JvN
S. 131 oben: Svartifoss im Skaftafell-Nationalpark, Südostisland © JvN; Mitte: Warnhinweis bei Jökulsárlón, Südostisland © JvN; unten: südlicher Ausläufer des Vatnajökull © AP

S. 132 oben: Küstenstraße in Nordostisland © JvN; unten: Steinernes Riesengesicht im Lavafeld Dimmuborgir, Nordostisland © JvN
S. 133 oben: Farbpracht im Lystigarðurinn, dem Botanischen Garten in Akureyri © JvN; unten: Fahrt durch die Westfjorde © JvN
S. 134 oben: Im Westen der Halbinsel Snæfellsnes, Westisland © JvN; unten: Die Springquelle Strokkur, nahe Geysir © AP
S. 136 Fotogenes Schaf in der Nähe von Hólaskjól, Südisland © AP
S. 137 Flussabschreitung vor der Durchquerung, Hochland © AP
S. 138 Staubige Wanderschuhe © JvN
S. 140 Angler im alten Hafen von Reykjavík © RvN
S. 145 Islandpferde © RvN
S. 148 Bláa Lónið, die Blaue Lagune, Südwestisland © AP
S. 151 Papageientaucherkolonie auf der Insel Grímsey vor der Nordküste Islands © JvN
S. 152 Orkaskelett in Hvalasafnið, dem Walmuseum in Húsavík © JvN
S. 154 Kartenlesen im Hochland © AP
S. 157 Schlafsackunterkunft, Hólaskjól bei Eldgjá, Zentralisland © AP
S. 158 Fassunterkunft in Djúpivogur, Ostisland © AvN
S. 162 Ferienhäuser in Mjóeyri, Eskifjörður, Ostisland © AP
S. 165 Trolle in Akureyri © RvN
S. 166 Veranstaltung in Hafnafjörður, südlicher Ballungsraum Reykjavík © JvN
S. 169 Reich gedeckter Tisch im Restaurant Salka, Húsavík © AP
S. 170 Hamburger in Íslenski Barinn, Reykjavík © AP
S. 171 Das Restaurant Gamli Baukur, Húsavík © RvN
S. 173 Walfreundliches Graffiti, Reykjavík © AP
S. 174 Cocktails im Apótek Restaurant, Reykjavík © JvN
S. 175 Gebackene Lammkeule © JvN
S. 176 Frisch gefangener Fisch, aufgehängt zum Trocknen, Ægisíða, Reykjavík © JvN
S. 180 Das Café Bláa Kannan, Akureyri © JvN
S. 184 Im Bistro Múlaberg, Akureyri © AP
S. 185 Þorramatur © The blanz (Wikipedia, CC BY-SA 3.0)
S. 186 oben: Trockenfisch in Þorlákshöfn, Südwestisland © AP; unten: Craft-Bier-Sorten © JvN
S. 187 Landspítali, das größte Krankenhaus in Island, Reykjavík © JvN
S. 190 Behindertenparkplatz, Reykjavík © JvN
S. 192 Notrufnummer, Eintrag im isländischen Telefonbuch

S. 194 Zwei Mitglieder des isländischen Rettungsdienstes ICE-SAR (icesar.com) © FBSR Flugbjörgunarsveit í Reykjavík (fbsr.is), mit besonderem Dank an Dr. Emily Lethbridge
S. 201 Eine Filiale von Apótekarinn, Reykjavík © RvN
S. 203 Das Gebäude Askja, Sitz der Naturwissenschaften, Háskóli Íslands, Reykjavík © JvN
S. 204 Das Hauptgebäude von Háskóli Íslands, Reykjavík © JvN
S. 205 Snorralaug, das Privatbad von Snorri Sturluson aus dem 13. Jahrhundert, Reykholt © JvN
S. 210 Studentenwohnheim, Campus von Háskóli Íslands © JvN
S. 212 Führung im Lavafeld Dimmuborgir, Nordostisland © JvN
S. 213 Pinnwand im Gebäude Gimli, Háskóli Íslands © JvN
S. 217 Traditioneller Tanz am Heringsmuseum in Siglufjörður © JvN
S. 220 Hotspot-Logo in einem Café in Akureyri © RvN
S. 223 "Single gloves", verlorene Handschuhe, Reykjavík © AP
S. 225 Menningarnótt, Reykjavík © JvN
S. 226 Am Anfang der Einkaufsstraße Laugavegur, Reykjavík © JvN
S. 227 Buchregal im Handschrifteninstitut Stofnun Árna Magnússonar í íslenskum fræðum © JvN

AP: Alice Pantermüller

AvN: Astrid van Nahl

JvN: Jan van Nahl

RvN: Ruth van Nahl